HIIT

视频学习版

高强度间歇健身训练手册

张明思　编著

人民邮电出版社

北京

U0745733

图书在版编目（CIP）数据

HIIT高强度间歇健身训练手册：视频学习版 / 张明思编著. -- 北京：人民邮电出版社，2021.11
ISBN 978-7-115-54300-4

Ⅰ. ①H… Ⅱ. ①张… Ⅲ. ①健身运动－手册 Ⅳ. ①G883-62

中国版本图书馆CIP数据核字(2020)第112481号

免责声明

　　本书内容旨在为大众提供有用的信息。所有材料（包括文本、图形和图像）仅供参考，不能替代医疗诊断、建议、治疗或来自专业人士的意见。所有读者在需要医疗或其他专业协助时，均应向专业的医疗保健机构或医生进行咨询。作者和出版商都已尽可能确保本书技术上的准确性以及合理性，并特别声明，不会承担由于使用本出版物中的材料而遭受的任何损伤所直接或间接产生的与个人或团体相关的一切责任、损失或风险。

内 容 提 要

　　本书共分为4章，第1章为HIIT的要素及优势介绍，旨在帮助读者了解HIIT的训练要点和主要作用；第2章为开始HIIT之前的准备工作介绍，分享了在了解自身训练目标的基础上进行训练的方法；第3章为HIIT训练动作讲解，展示了不同阶段、不同部位和不同类型的训练动作的执行步骤和技术要点；第4章为读者提供了7个针对不同场景、部位和时间的健身训练方案。此外，本书免费提供了110个训练动作的演示视频，旨在帮助读者降低理解难度，提高练习效果。

　　因此，对于任何有减脂塑形需求的健身爱好者来说，本书都不容错过。

◆ 编　著　张明思
责任编辑　刘　蕊
责任印制　马振武

◆ 人民邮电出版社出版发行　　北京市丰台区成寿寺路 11 号
邮编　100164　电子邮件　315@ptpress.com.cn
网址　https://www.ptpress.com.cn
雅迪云印（天津）科技有限公司印刷

◆ 开本：700×1000　1/16
印张：9.75　　　　　　　2021 年 11 月第 1 版
字数：181 千字　　　　　2021 年 11 月天津第 1 次印刷

定价：49.80 元

读者服务热线：(010)81055296　印装质量热线：(010)81055316
反盗版热线：(010)81055315
广告经营许可证：京东市监广登字 20170147 号

作者简介

张明思

国家一级运动员

美国运动委员会 (ACE) 认证私人教练

　　作为一名专业散打运动员，张明思在退役后经历了由训练量减少引起的体重增加的过程。在成功从 130 千克减重至 100 千克后，张明思开始在微博和小红书等自媒体平台上分享自己的瘦身经验，并进行搏击健身及减脂塑形指导，目前已拥有超过 200 万粉丝。

　　2017 年，张明思在"康比特·2017 第八届中国年度健身榜样大赛"中获得了"中国年度健身十大榜样"称号。同年，张明思登上《健与美》杂志封面并受到专访。此外，张明思先后受邀参加了《青春有搏击》《飒！武力拳开》(尚未播出) 等综艺节目的录制。

目录

CHAPTER
03
HIIT 训练动作

CHAPTER
04
HIIT 针对性训练
方案

在线视频访问说明

为了帮助读者快速掌握动作技术，科学进行锻炼，本书提供了大部分训练动作的演示视频，具体可通过以下步骤在线观看。

步骤 1

点击微信功能菜单上的"扫一扫"（图1），扫描右侧二维码。

步骤 2

如果您未关注微信公众号"人邮体育"，扫描后会出现"人邮体育"的二维码。根据提示关注"人邮体育"，并点击"资源详情"（图2），即可进入视频目录（图3），按需进行观看。

如果您已关注微信公众号"人邮体育"，扫描后可直接进入视频目录，按需进行观看。

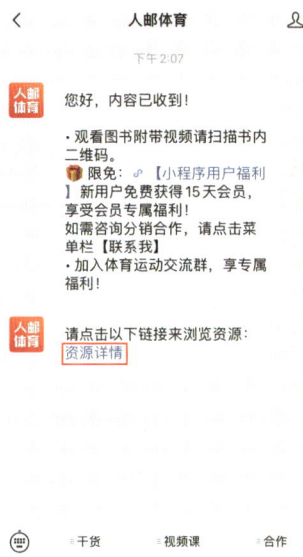

图1　　　　　　　　　　图2　　　　　　　　　　图3

HIIT

CHAPTER

01

≈≈≈≈≈

认识 HIIT

HIIT，全称 High-intensity Interval Training，即高强度间歇训练，是一种将爆发式动作与恢复相互交叉结合的训练方式。锻炼者可以在缩短整体运动时间的同时达到非常好的训练效果，因此 HIIT 是一种非常适合繁忙且快节奏的现代社会生活的健身方式。

1.1 HIIT 要素之一——高强度

HIIT 中的"High-intensity"即为"高强度"的意思，指一组完整的 HIIT 中爆发式的训练部分。简单地说就是同等时间下，HIIT 的训练强度比其他训练（如跑步或器械训练）的强度要大，HIIT 会使锻炼者的呼吸更急促、心跳更快。

1.1.1 运动强度

运动强度是在运动过程中所投入的力度，这种力度并不以时间为单位来衡量，而是通常以运动时的呼吸频率和心跳次数等生理指数来衡量。而且每个人的身体素质不同，运动强度的标准也有所不同。对于平时缺乏运动的人来说，或许慢跑就能让其汗流浃背、气息不匀，但对于经常健身的人来说，慢跑却是十分轻松的事情。因此，运动强度是针对个人而言的。

HIIT 所倡导的高强度是指在正式训练中，锻炼者竭尽全力时所能够做到的最大运动量。不论是减脂，还是增肌，都需要锻炼者通过反复且特定的训练来使身体的某些部位达到一定的疲劳程度，从而取得预期的效果。因此在训练中，正确认识高强度与低强度的区别是十分必要的。

低强度的热身运动
呼吸和心跳不会出现较大幅度的变化

高强度的跳绳运动
呼吸频率迅速升高，心跳次数大幅增加

1.1.2　如何监测运动强度

　　监测运动强度的方法有多种。对普通人来说，最简单的方法就是用心率来监测运动强度。这里介绍一个较为简单的方法。首先使用 220 减去年龄以推算出个人的最大心率值。在训练中如果心率值长时间维持或超过最大心率值，是非常危险的事情。将心率值保持在最大心率值的 80% 以上水平的训练即可视为高强度训练。有条件的话，可以使用运动手环或其他运动设备监测心率；没有辅助设备也可以在运动结束后即刻测量 15 秒的脉搏再乘以 4，可得出当前心率值。

　　在运动训练中，还有一项数值也较为重要，那就是最大摄氧量，它反映了锻炼者吸收和利用氧气的能力。从未经过专业训练的普通人与专业的运动员的这一数值可能会有巨大差异。一般情况下，运动强度达到最大摄氧量的 90% 即可视为高强度。但是，直接测量最大摄氧量的过程比较复杂，且需要昂贵的设备，所以这种方法多用于专业运动员。对于普通人来说，不推荐采用最大摄氧量来监测运动强度。

　　另外，还有一种较简单的监测方法就是通过个人主观疲劳程度来感受运动强度。很多计算方式都是通过总结后得出的普遍结论，但对每个人来说，承受能力可能会有所不同。在重视数据的同时也要考虑自身的承受能力，如果运动强度已经让你气喘吁吁、大汗淋漓，感到肌肉被灼烧、心跳特别快时，不论是否已经达到了高强度的数据标准，都不需要继续增加运动量了，否则极易出现运动损伤。要知道安全永远应该被放在首位。

1.2　HIIT 要素之二——间歇

　　HIIT 中的"Interval"即为"间歇"的意思，指一组完整的 HIIT 中的主动休息部分，也就是动作与动作之间的恢复时间，在此期间锻炼者可以稍做休息或者穿插一些低强度的运动。

1.2.1 间歇的概念

对于 HIIT 来说，间歇是必不可少的休息过程。在高强度运动之后进行短暂的恢复，既可以让锻炼者有一定的休息时间，从而更有效地进行下一轮动作训练；又能维持身体的运动状态和耗能强度，产生持续不断的燃脂效果。

在 HIIT 中，高强度运动与间歇的时间比例并非固定的，而是根据每个人体质的不同而有所调整。但在制订了合适的计划之后，必须严格执行并持之以恒，这样才能够取得预期效果。锻炼者在适应训练之后可逐渐对高强度运动与间歇的时间比例进行调整，以达到长期健身的目的。

对于刚开始进行 HIIT 的锻炼者来说，1：2 的时间比例较为合适，即 "15 秒高强度运动 +30 秒间歇" 为一组，体力较好者可以适当增加训练组数；当感觉已经能轻松完成时，可以将比例提升至 1：1，即 "30 秒高强度运动 +30 秒间歇" 为一组。以此为例，逐步将训练比例提高至 2：1（30 秒高强度运动 +15 秒间歇）、3：1（30 秒高强度运动 +10 秒间歇）的标准。一般来说，3：1 已经达到了 HIIT 较高的强度标准，不建议继续提高。如果想要继续提高，建议在专业教练的指导下进行。

1.2.2 HIIT 与 HIT 的对比

HIT，全称 High-intensity Training，即高强度训练，与 HIIT 的差异也一目了然，缺少了 "间歇" 的过程。HIT 与 HIIT 的相同之处在于都强调 "高强度"，因此都可以让锻炼者在短时间内达到无氧运动，产生快速燃脂的效果。同样，锻炼者不需要花费过多的时间就可以在忙碌的生活中达到锻炼的目的。但缺少了 "间歇" 过程的 HIT 亦存在一些必须注意的问题，那就是持续的高强度训练可能会给锻炼者造成较大的压力，尤其是运动新手，从而造成训练过度并引发严重的运动损伤。即便是体质较好或经验丰富的锻炼者，也要慎重对待，以保证自身的安全。

1.3 HIIT 的优势

　　了解什么是 HIIT 之后，这里有必要对 HIIT 的优势进行更加详细的说明，以便锻炼者从理论上和心理上产生更多的认同感，从而更加投入和坚持长期的训练。

1.3.1 训练时间缩短

　　现代人的生活节奏愈来愈快，同时随着各种各样的娱乐活动占据了人们大部分的休闲时间，能够用来健身的时间便所剩无几，每天坚持 1~2 小时的运动更是不可能完成的任务。因此，更高效、更具针对性的训练方式才是较佳的选择。HIIT 不但每次的训练时间较短，而且只需两天或者三天进行一次训练，达到了只需较少的时间便收获目标运动效果的目的。

　　另外，由于 HIIT 所用时间较短，锻炼者无须面对枯燥的机械式重复运动，这有助于减轻心理负担。举例来说，1 小时的跑步与仅需 5 分钟的 HIIT 相比，大部分人都会更倾向于选择时间较短的 HIIT，在练习过程中也会产生"咬咬牙坚持一下就完成了"的想法，而长时间的运动则会让人感觉总是看不到尽头，很容易放弃。

1.3.2 无地点和器械要求

许多人脑海中还存在一些根深蒂固的观念，如"只有在健身房的器械堆里才能健身""只有在体育场的跑道上才能减肥"。事实上，锻炼者在家中或办公室的方寸之地便可进行 HIIT。想一想往返于健身房的时间，也许仅需要这点儿时间，你已经可以在家里完成今天的训练。也许会有人认为，没有跑步机、杠铃和蝴蝶机这些器械，怎么看都无法达到健身的目的。那就错了。HIIT 仅需利用哑铃、弹力带和跳绳等小器械辅助，甚至仅需利用自身的重力，再配合特定的动作就能达到改变身体状态的效果。很多动作甚至不需要专业的跑鞋和健身服，只需要便于运动的服装。

1.3.3 减脂效率提高

不论是为了获得更加理想的体型，还是为了减轻身体负担、提高健康水平，减脂已经成为当今最主要的健身锻炼主题之一。而 HIIT 作为近年来热度最高的减脂训练方法，其优势在于可以让身体在停止训练后持续"燃烧"脂肪。这是因为在高强度运动之后，身体需要使用的氧气量高于运动开始前且仍在提高，从而引起能量的持续消耗。再加上 HIIT 本身具有训练时间短的特点，其减脂效率相对得到了进一步提高。相关的研究表明，一次为时 6 分钟的 HIIT 大约能够消耗 50 卡的能量，但训练者的新陈代谢在训练后仍在不断提高，甚至在接下来的 24 小时中可再消耗 250 卡的能量。也就是说，这次训练让训练者持续消耗了约 300 卡的能量，这相当于 30min 有氧训练的能量消耗量。

1.3.4　有效提高身体素质

有人认为自己并不肥胖，无须减脂，对自己的形体也较为满意，觉得不用塑形，因此没必要进行健身。这里特意提醒大家，HIIT 不但能够改变身体的外形，对健康也有着不容小觑的作用，最明显的益处便是能改善心肺功能。在 HIIT 中，高强度的运动会使身体出现超负荷的状态，此时身体为了更好地适应这一强度，会做出一系列应激反应，包括使心肌更加有力，提升肺部功能，促进血液循环，增强有氧能力等。不论是身形正常但体质较差的人，还是身材肥胖且运动能力较差的人，都能通过 HIIT 提高身体素质。

HIIT

CHAPTER **02**

开始 HIIT 之前

即便已经了解什么是 HIIT，也不能随意地开始训练，而是要进行一系列的准备工作，以保证接下来的训练是科学且适量的，能够提升运动效率，同时避免发生运动损伤。

2.1 开始 HIIT 前的准备工作

开始 HIIT 之前，需要对个人的身体状况有明确认知，以便于确定是否适合进行 HIIT，另外还需要了解进行 HIIT 时需要注意哪些事项。盲目地进行锻炼不但无法取得预期的效果，还会引起意外的发生。

2.1.1 确定身体健康状态

身体的健康状态与所能承受的锻炼方式是息息相关的。有严重的疾病以及医嘱中需避免进行剧烈运动的人群，或者身体已经出现了明显的病症需要就医或正在就医的人群，是不适合进行 HIIT 的，要在治疗后由医生来判断是否能够进行 HIIT，以避免加重病情。如果是单纯的肥胖或因年龄增长产生衰老表现的人群，则可以适当地进行 HIIT 来促进血液循环，甩掉多余脂肪，从而对疾病起到预防作用。

2.1.2 HIIT 注意事项

（1）时刻注意安全

很多人会盲目地进行 HIIT，在身体尚未准备好时便尝试一些富有挑战性的动作或计划，从而受伤。安全是所有运动中都要被放在首位的要素。

不要因为受到各方面的刺激，一时兴起而选择超出承受能力范围的强度。例如，羡慕比自己运动强度更大、效果更显著的人，或者对目前阶段的运动强度已经非常熟练或厌烦，抑或为了向他人炫耀自己的运动成果而对更高难度的训练跃跃欲试等。必须在专业教练的指导下增加运动强度，否则很可能适得其反。

（2）不要忽略热身和放松

运动前热身和运动后放松在锻炼过程中也是经常被忽略的一环。很多人觉得热身就是伸伸腿、扭扭脖子或者跳两下。这一想法如今已逐渐被淘汰，不进行热身或不进行专业的热身都是不正确的。热身会使身体从休息状态逐步过渡到运动状态，从而降低受伤的风险，即便是时间紧、任务重，也不能跳过这一阶段；而专业的热身则可以对特定的肌肉和部位进行激活训练，能提高动作的准确性和流畅度。运动后进行放松不仅可以缓解运动过程中带来的肌肉酸痛，还有助于身体快速恢复。因此，在进行 HIIT 时，一定要重视热身和放松。

（3）运动要适量

任何一本健身书都不可能给每个人都制

定一套健身方案，更不可能让所有人都执行统一的健身方案。每个人的身体状况、体重、训练目标都是不同的，因此只能根据建议自己探索合适的训练量。就 HIIT 而言，个人可以从最基础的难度和比例开始，待到游刃有余之时就可以适当增加难度。一旦某个阶段让你觉得力不从心时，不妨后退一步，继续之前的训练，一段时间之后再次进行尝试，如此反复以找到最适合自己能力的训练方式和难度。

2.2 了解自己的训练目标

每个人都有着不同的体型和锻炼目的，因此也会对训练计划有着不同的要求和侧重点。想要通过 HIIT 达到预期的目标，了解 HIIT 针对不同要求所能够制定的不同训练方式是很有必要的。

2.2.1 针对不同身体部位的训练

不同职业和生活习惯的人在身体结构上会有不同的特点：日常久坐的人一般腰腹部和下肢新陈代谢缓慢；口味偏重，饮食高油、高盐和高糖的人群则容易上半身肥胖。根据训练部位的不同有针对性地制订 HIIT 训练计划才能取得良好的效果。

（1）上半身训练

上半身包括手臂、肩部、背部和胸部等。与下半身不同，上半身在日常生活中得到的运动机会相对更少一些，不论是推、拉，还是举、提等基础动作，都不会长时间地进行，更不可能经常达到让局部肌肉十分疲劳的程度，因此上半身也更容易出现"拜拜肉"等脂肪堆积的情况。

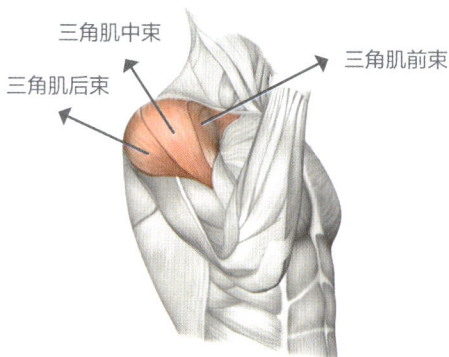

三角肌中束

三角肌后束

三角肌前束

肩部肌肉

胸小肌 *

胸大肌

胸部肌肉

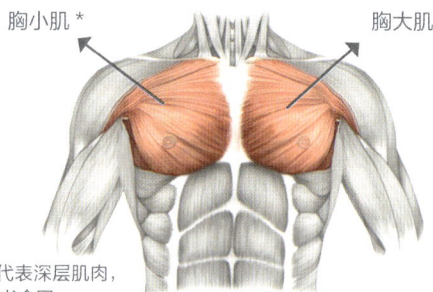

* 代表深层肌肉，全书余同。

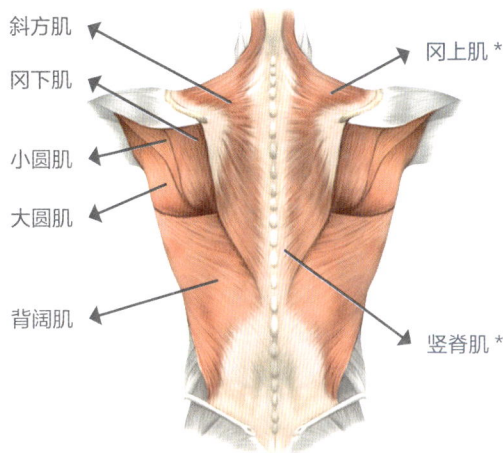

斜方肌
冈下肌
小圆肌
大圆肌
背阔肌
冈上肌 *
竖脊肌 *

背部肌肉

肱肌
肱二头肌
肱桡肌
肱三头肌

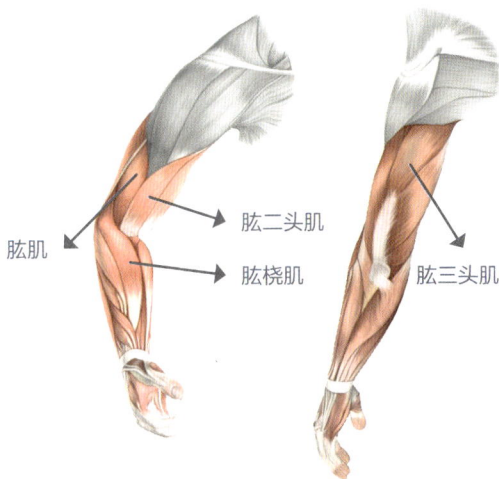

手臂肌肉侧面与背面

　　训练上半身的目的一般包括紧实手臂、锻炼肩部、强健背部和塑造胸部等。手臂是上半身各个部位中最容易锻炼的部位，因为几乎所有关于上半身的动作项目都需要手臂的参与，而且手臂的锻炼成果也最容易被别人看到。肩部是最难堆积脂肪的部位之一，简单的训练就可以拥有清晰的肌肉线条，使你的站姿更为挺拔，还能减小颈椎患病的概率。背部往往容易被人们忽略，被认为并不重要，其实不然，如果背部的肌肉强健，能够让你自然而然地挺起胸膛，避免弯腰驼背或显得无精打采。胸部是很多女性都觉得不需要锻炼的部位，但适度的胸肌不但可以防止胸部下垂，还能帮助腹部减少脂肪；对于男性来说，锻炼胸部是塑造上半身曲线和增强整体力量的有效途径之一。

　　针对上半身的训练，一般会采用俯卧撑、推拉或推举等动作。俯卧撑属于自重训练的动作，还可以衍生出其他的变化动作，是非常便利的锻炼方式。推拉动作一般需要借助弹力带或拉力绳等辅助工具。推举类的运动常常会用到哑铃、壶铃等器械，这些器械在生活中也很容易找到替代品，如装满水的矿泉水瓶或其他便于抓握的重物。

（2）下半身训练

　　下半身是支撑整个身体平衡和稳定的基础，也是为我们日常生活提供重要力量支持的部位。下半身主要锻炼部位包括臀部和腿部等。虽然日常生活中不论是站立、走路，还是蹦跳、跑步都会涉及下半身的运动，但下半身依然属于非常容易囤积脂肪的部位，尤其是臀部，日常的普通活动是无法达到较好的锻炼效果的。

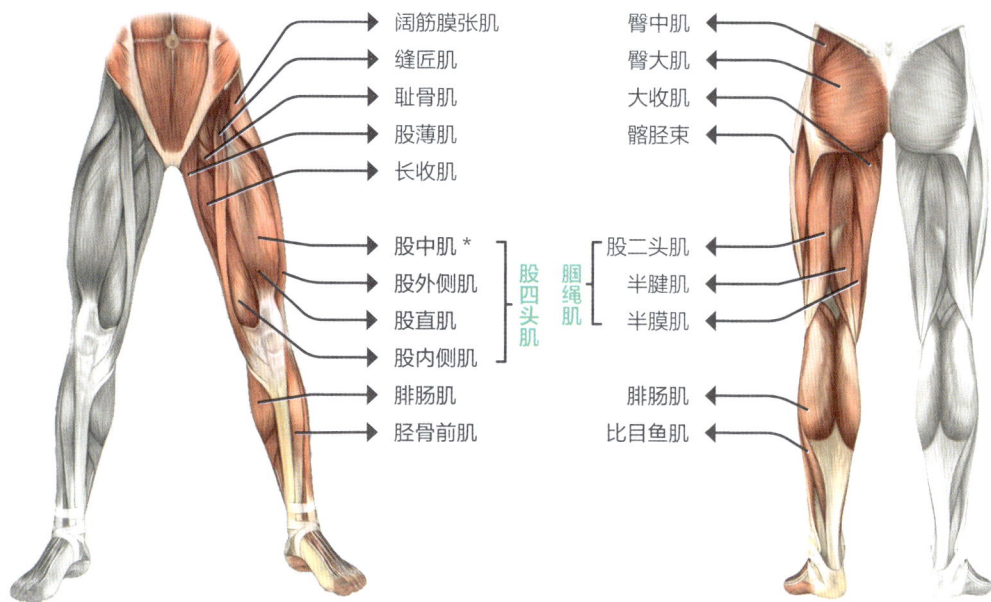

下肢肌肉正面

阔筋膜张肌
缝匠肌
耻骨肌
股薄肌
长收肌
股中肌 *
股外侧肌　股四头肌
股直肌
股内侧肌
腓肠肌
胫骨前肌

下肢肌肉背面

臀中肌
臀大肌
大收肌
髂胫束
股二头肌
半腱肌　腘绳肌
半膜肌
腓肠肌
比目鱼肌

训练下半身的目的包括减少臀部脂肪并使腿部更有力量等。臀部是上半身与下半身的连接部位，臀肌力量不足，背部、髋部和腿部等都会受到影响。腿部肌肉的体积非常大，在锻炼过程中能够发挥极大的燃脂和减重的作用，而且结实强壮的腿部线条可以让整个人看起来更加健康。

针对下半身的训练，一般会采用下蹲、弓步和跳跃等方式。下蹲是下半身运动中的基础动作，这个动作将身体的全部重量放在双腿之上，既能够增强下半身各个部位的力量，还能够锻炼身体的平衡能力，在实际练习中可加入不同的变化来使锻炼过程更加丰富有效。弓步包括前后弓步和左右弓步，走路、跑步及上下楼梯等都属于弓步的动作，我们日常生活中的运动是离不开弓步的，在

训练中通常采用增加负重的方式来加大训练力度。跳跃是下半身运动中最具爆发性的动作类型之一，能够快速地实现燃烧脂肪的目的，由于此类动作存在一定的运动损伤风险，制订计划时需根据实际情况谨慎加入。

（3）核心部位训练

核心部位并不是独立于上半身和下半身而存在的身体其他部位，它是指躯干和臀部的整体部位，与上半身和下半身均有所交叉。只有核心部位的肌肉足够强壮，才能使身体更加平稳和挺拔，做各种动作时更得心应手。

训练核心部位的目的包括塑造腹肌线条和增强身体稳定性等。腹部应该是最受锻炼者欢迎的部位了，线条分明的马甲线和腹肌也是支撑很多人坚持锻炼的动力。身体的稳定性则相对不容易被察觉，但它能起到更大的作用，

腹内斜肌 *

腹外斜肌

腹直肌

腹横肌 *

髂腰肌

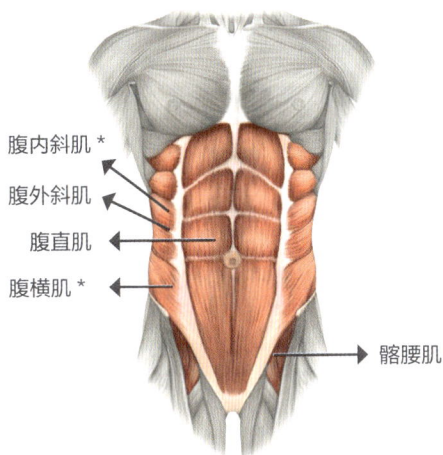

核心肌肉正面

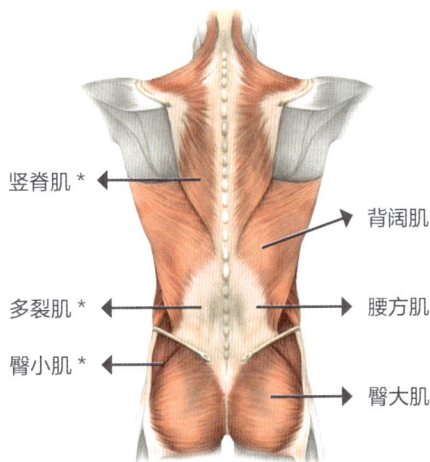

竖脊肌 *

多裂肌 *

臀小肌 *

背阔肌

腰方肌

臀大肌

核心肌肉背面

如使人体在各种情况下都不易摔倒，支持身体进行更具难度的训练和负担更多的重量。

　　针对核心部位，一般会采用桥式、仰卧或转体运动。腹桥（也叫平板支撑）如今已经成为核心训练的主要动作之一，俯卧的姿势能够长时间地收缩肌肉和锻炼脊椎稳定性。需要注意的是，正确的动作优于一切，不能只注重时间长短而忽视动作的标准性，否则会适得其反。仰卧运动是指在仰卧状态下所进行的动作，如仰卧起坐、卷腹、V 字坐等，将这些动作与转体相结合之后能够展现出更大的作用和更优化的效果。

（4）全身训练

　　很多人认为，全身运动是最为理想的运动方式，因为只需要一次运动便可以锻炼到身体的整个肌群。而且对于身材并不肥胖且较为匀称的人来说，更重要的是增强整体的力量和耐力，在短时间内使心肺功能能得到强化，促进新陈代谢和脂肪燃烧。

　　全身运动一般都是组合型练习，也就是将具有针对性的动作加以变化并与其他动作相结合后进行的动作，如深蹲后加推举、俯卧撑后加跳跃等，基本上是一个上肢动作加一个下肢动作，在选择上以动静结合为主，两个动作的其一为静力或类静力动作，另一个则为运动动作。如深蹲和推举组合中，深蹲是下肢静力动作，推举是上肢运动动作；俯卧撑和跳跃组合中，俯卧撑是上肢静力动作，跳跃是下肢运动动作。

2.2.2　针对不同类型人群的训练

　　对于不同类型的人群，健身的目的也有所不同。有的人并不肥胖，也不想成为"肌肉力士"，只是想要自己的姿态更加挺拔、曲线更加优美；有的人急于减掉脂肪，改变身体形态，摆脱肥胖带来的身体亚健康状态；还有的人具备基础运动水平，希望能够更上一层楼，锻炼出更多的肌肉和更强大的体力。

（1）改善体态

体态的各种问题已经成为现代人关注的重点。含胸伏案、低头疾行及不良坐姿等都造成了身体形态的一系列不正常，长此以往便会引起众多的潜在性疾病。如何将它们改正过来呢？有针对性地进行训练是一种十分有效的途径。

从右上图可以看出，与正常体态相比，圆肩、驼背和骨盆前倾都会造成身体曲线的变形，要纠正这些问题，也必须从肩部、脊椎和骨盆处相关肌肉着手，因此这里推荐采用上肢运动和核心运动的相关动作。若锻炼目的仅限于塑形，则以低强度或标准强度进行即可，无须挑战高强度。

（2）减脂

肥胖的问题并不局限于热衷于大吃大喝的人群。很多人由于基础代谢能力较差，属于易胖体质，哪怕是控制食物的摄入，也仍然会胖。还有一部分人的肥胖属于工作压力大、生活不规律而产生的虚假肥胖以及因怀孕而导致的产后肥胖等。这些人都适合以"减脂"为首要任务的训练方式。

相较于其他运动方式，HIIT 能够有效且快速进入燃脂阶段，而且还能在锻炼结束后仍然维持脂肪的燃烧，这也是 HIIT 能够成为现代忙碌人群健身首选的最大原因。那么在HIIT 中如何将燃脂的速度维持在高水平呢？可以根据自身的体验来判断：当呼吸急促、

正常　　　圆肩　　　驼背　　　骨盆前倾

上气不接下气时便进入间歇，略微恢复后再投入下一轮高强度练习，如此循环便能达到高效燃脂的效果。另外，在动作的选择上，最好选择全身性动作或在上肢运动、下肢运动、核心运动中各选一个动作组合成一轮练习内容，避免因过度锻炼某一部位而引发运动损伤。

（3）增肌

在身体的运动机能达到一定程度之后，自然会有人向往更强壮、更有型的状态，如宽厚的肩膀、强壮的胸肌等，当然这也意味着要比普通的训练付出更多的体力和毅力。

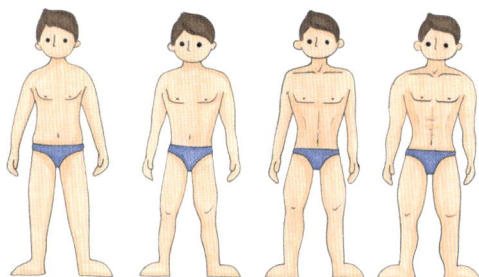

HIIT

CHAPTER 03 〰

HIIT 训练动作

在了解了 HIIT 的理论知识与准备工作之后，就可以进行训练了。多种 HIIT 训练动作，以及长期的坚持，不但可以使你收获有型的体态，而且可以让你获得强健的体魄。

3.1 HIIT 热身运动

3.1.1 活动性热身动作

仰卧举腿

动作步骤

1. 仰卧于地面，身体保持放松。
2. 左腿伸直向上抬起。
3. 双手相交于左大腿后侧，轻轻拉动大腿，使其靠近身体。
4. 完成规定次数后，换另一条腿重复动作，注意每次拉伸时间不宜超过2~5秒。

1

2

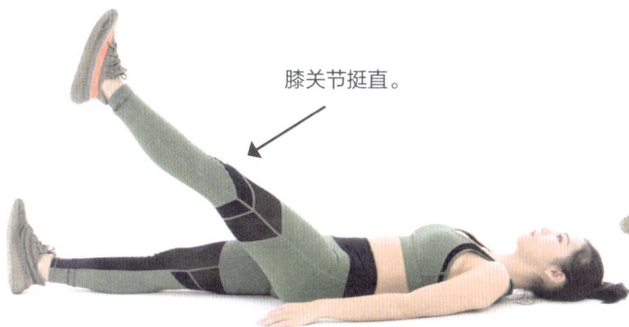

膝关节挺直。

双手从左大腿后侧将腿向身体拉近。

3

4

双手爬行

①

动作步骤

1. 身体自然直立。

2. 膝关节伸直，从腰部开始弯曲身体，双手撑地。

3. 然后尽可能地向前慢慢地交替挪动双手。

4. 双手交替向前移动直至躯干与双腿呈一条直线。

5. 接着双腿保持伸直，双手后退，向双脚方向移动，臀部向上抬起。

6. 双手接近双脚直至难以移动。

7. 动作完成后恢复为准备姿势。重复动作完成规定次数。

②　　　　　　　　　　　　　　　　**③**

保持锁定膝盖。

双手交替向前挪动。

6

7

5

4

双手尽可能
靠近双脚。

双手后退。

持续此步骤直至躯干
与双腿呈一条直线。

相扑蹲举

1

2

臀部下压。

3

4

5

双手上举
过头顶。

动作步骤

1. 双脚分开站立，略宽于髋部，双腿屈膝，向前弯曲身体。双手分别接触双脚前端，抬头挺胸目视前方，臀部向下深蹲至最低位置。

2. 松开左手，手臂伸直向左上方举起，目视左手方向，上身略向左侧偏转。完成后左手回到原来位置。

3. 右手重复同样动作。

4. 双手同时上举，目视前方，掌心相对。

5. 双手保持不动，双腿伸直呈站立姿势。

臀桥

1

从肩关节到膝关节呈一条直线。此时臀肌收紧 2 秒。

2

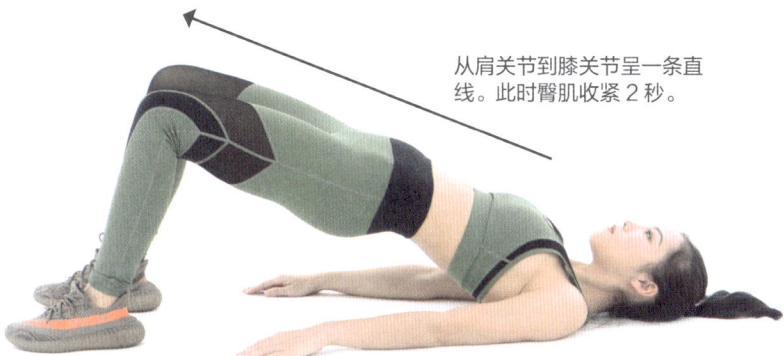

3

动作步骤

1. 仰卧于地面，双腿屈膝，双脚平放于地面。

2. 双臂始终放于地面上，髋部向上抬起直至从肩关节到膝关节呈一条直线。髋部抬起后保持姿势同时收紧臀肌 2 秒，此时仅头部、上背部、双臂、双脚接触地面。

3. 恢复准备姿势，完成规定次数。

眼镜蛇式到婴儿式

1

2

手臂完全伸直。

3

髋部尽量向脚跟
的位置坐。

45°

动作步骤

1. 全身放松呈俯卧姿势，双臂屈肘，前臂撑地，双手掌心紧贴地面。

2. 双臂伸直，上身撑起，抬头挺胸目视前方。

3. 身体缓慢放松，髋部后坐，双臂前伸，呈婴儿式伸展。重复规定次数。

靠墙深蹲

头部至臀部贴于墙壁。

双臂保持水平。

动作步骤

1. 上身挺直，背部靠墙，头部及臀部紧贴墙面，双脚左右开立与肩同宽，双腿略微屈膝站立。

2. 双臂伸直，平举至与肩同高，掌心向下。核心收紧，屈髋屈膝向下深蹲，直至大腿平行于地面，动作过程中上身仍紧贴墙面。之后，缓慢恢复至起始姿势。

45°

3.1.2 拉伸性热身动作

股四头肌拉伸

动作步骤

身体自然直立，左腿屈膝向后抬起，左手抓住脚踝位置。右腿伸直保持身体稳定，左手拉动左脚脚踝用力挤压臀部。单侧动作保持 20 秒，接着右侧重复拉伸动作。

用力挤压臀部，保持 20 秒。

支撑腿的膝盖保持伸直。

背阔肌拉伸

动作步骤

1. 双手紧扶支架两侧，身体略微前倾，目视前方。

2. 臀部率先向后压，带动身体弯腰向前，直至目视地面，头部与地面平行。过程中将重心缓慢移至脚跟位置，感受背阔肌的拉伸感。保持动作 20 秒。

45°

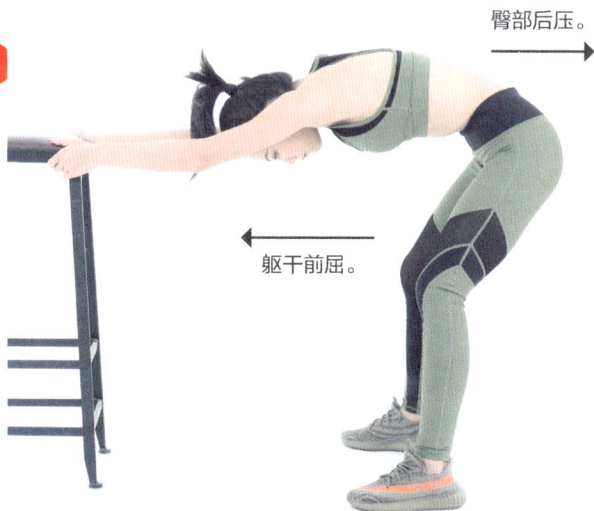

臀部后压。

躯干前屈。

胸部拉伸

1

2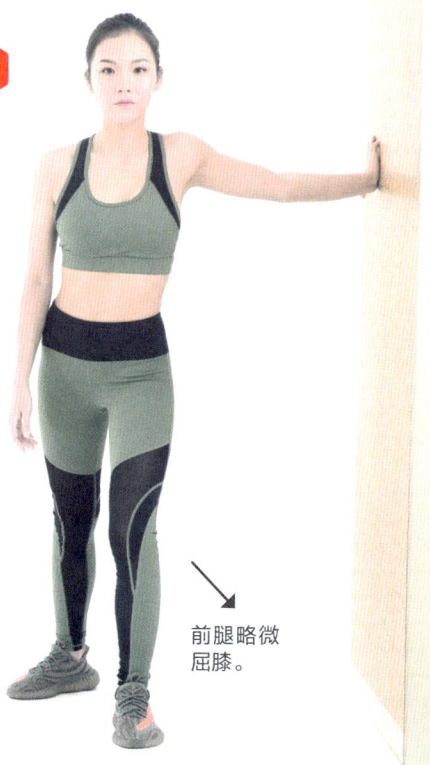

前腿略微
屈膝。

45°

动作步骤

1. 双腿前后分开站立，左脚在前，左臂伸直扶墙。

2. 左腿略微屈膝，身体缓慢向前方移动，感受胸部前侧与肩膀之间的拉力，保持动作 20 秒。换另一侧重复动作。

腘绳肌拉伸

动作步骤

1. 身体自然直立，双脚左右开立略比肩宽。

2. 双腿保持挺直，弯腰，上身下俯，双臂伸直，双手逐渐靠近脚尖。同时臀部尽力向后移动至极限，注意避免上背部弓起。保持动作 20 秒。

1

45°

2

臀部向后移动至极限。

手指尽量向脚趾靠近。

小腿拉伸

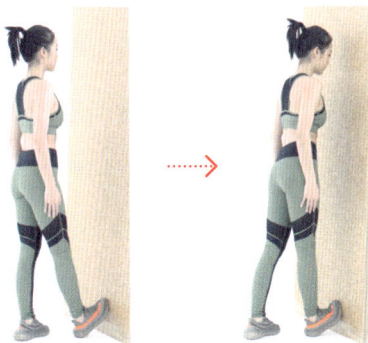

动作步骤

1. 选择墙面或小腿拉伸板等相对牢固的位置，面向墙面站立，右脚跟着地，前脚掌抬起贴于墙面。

2. 身体保持挺直，重心前移，右脚下压，感受右侧小腿肌肉拉伸。保持动作20秒，换另一侧重复动作。

1

2

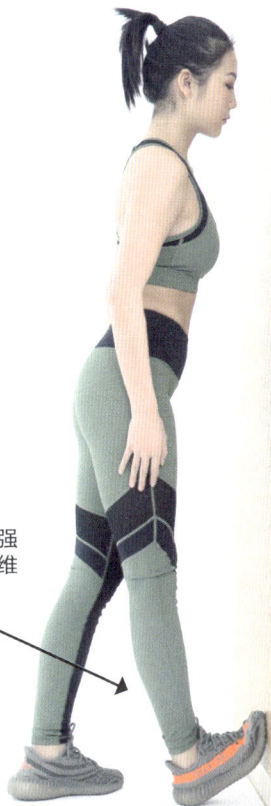

使小腿有中等强度的拉伸感，维持20秒左右。

臀部拉伸

动作步骤

身体自然直立，右腿屈膝抬起放于板凳或伸展台上。此时右腿外侧接触凳面，保持腿部屈膝 90 度，左腿保持直立状态，感受右侧臀部肌肉得到充分拉伸。保持动作 20 秒，换另一侧重复动作。

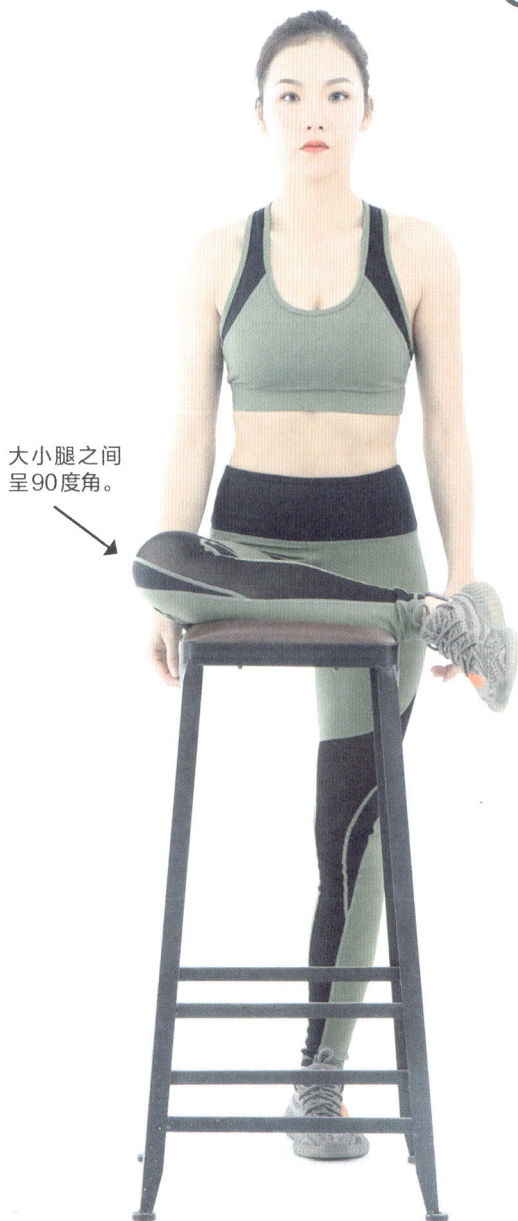

大小腿之间
呈90度角。

45°

膝关节保
持伸直。

三角肌拉伸

动作步骤

身体自然直立，右臂抬起与肩同高，水平横于体前，左臂屈肘抬起，左前臂置于右肘外部位置。左臂发力，拉动右臂靠近身体，感受右侧三角肌得到充分拉伸。保持动作20秒，换另一侧重复动作。

不要从肘关节处推。

保持手臂平行于地面。

45°

3.2 HIIT 徒手动作

3.2.1 上肢动作

俯卧撑

动作步骤

1. 身体呈俯卧撑姿势，四肢撑地，双手间距离略比肩宽，从头部到脚部呈一条直线。

2. 保持身体挺直，双臂屈肘，身体向下至与地面平行，略做停顿。双臂发力撑起身体，恢复准备姿势。重复动作。

1

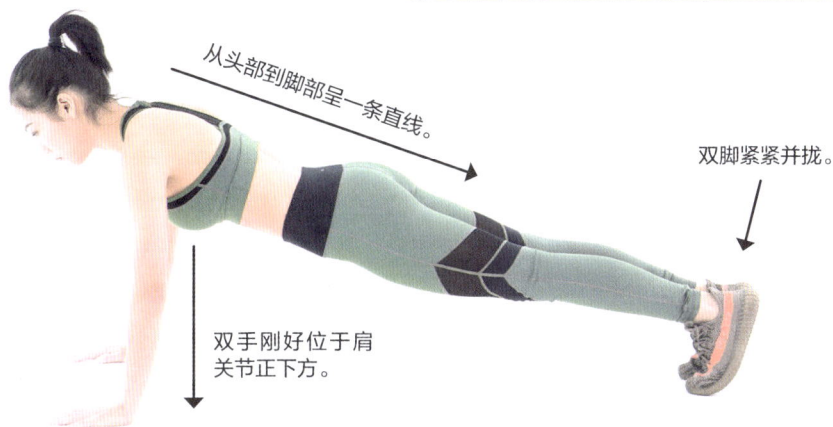

从头部到脚部呈一条直线。

双脚紧紧并拢。

双手刚好位于肩关节正下方。

2

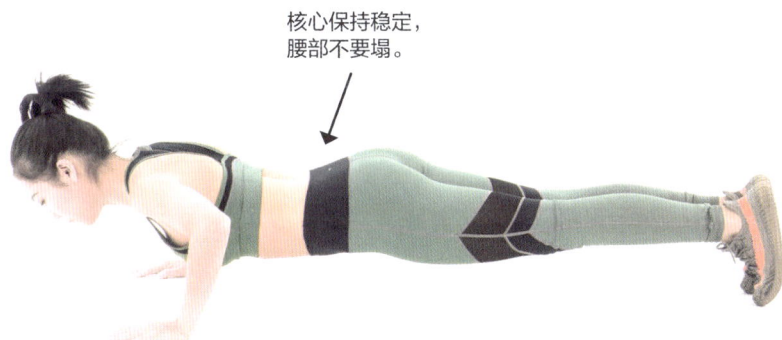

核心保持稳定，腰部不要塌。

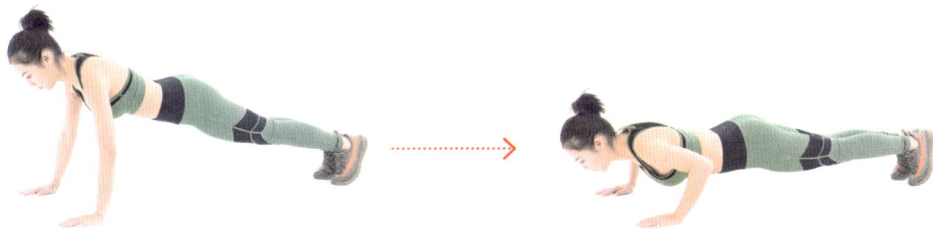

45°

释手俯卧撑

1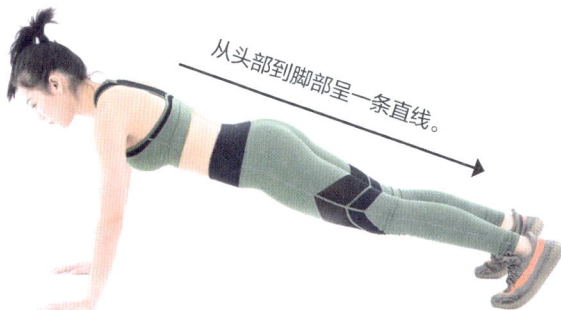

从头部到脚部呈一条直线。

45°

2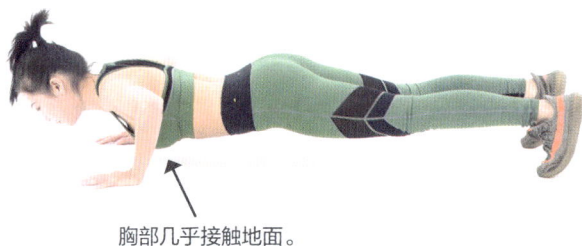

胸部几乎接触地面。

3

手部离开地面。

变式

　　双臂屈肘，胸部接近地面后保持动作5秒，再进行下一步的动作。这样的变化可以最大限度地激活快肌纤维，消除肌肉的弹性势能。快肌纤维可以很好地促进肌肉增大以及力量的增长。

动作步骤

1. 身体呈俯卧撑姿势，四肢撑地，双手间距离略宽于肩，从头部到脚部呈一条直线。

2. 保持身体挺直，双臂屈肘，身体整体向下至胸部接近地面。

3. 保持身体稳定，双臂迅速发力推动手部和身体快速远离地面。落地时双臂屈肘缓冲，身体继续向下，重复动作。

并脚俯卧撑

1

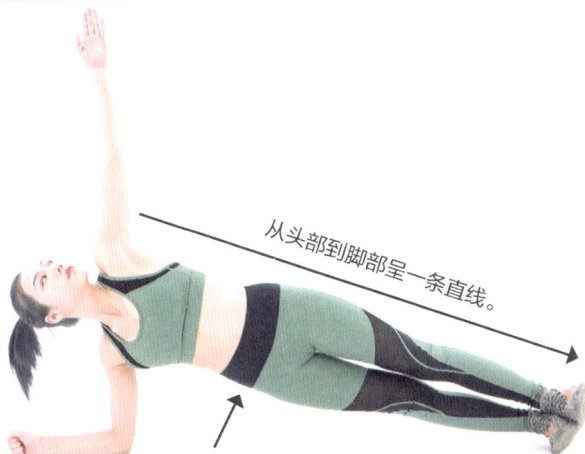

从头部到脚部呈一条直线。

动作全程髋部都不能下沉。

2

旋转身体时，以脚趾为支点。

3

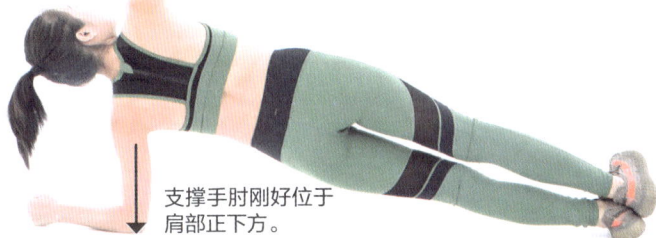

支撑手肘刚好位于肩部正下方。

动作步骤

1. 身体呈侧桥姿势，右肘位于右肩正下方。左臂伸直，指尖指向正上方，目视左手方向。左脚落于右脚上方，身体从头部到脚部呈一条直线，保持姿势 1 ~ 2 秒。

2. 身体翻转向下，双肘撑地呈俯桥姿势，身体仍呈一条直线，保持姿势 1 ~ 2 秒。

3. 继续向右侧翻转身体，左前臂撑地呈左侧桥姿势，右臂伸直，指尖向上，目视右手方向，保持姿势 1 ~ 2 秒。动作过程中，注意髋部不可下沉。

抬脚俯卧撑

动作步骤

1. 身体呈俯身跪姿，手臂伸直，双手撑地位于肩部正下方。双腿屈膝脚底向上。

2. 双臂屈肘，身体下落，胸部靠近地面，保持动作1~2秒，同时身体保持稳定。随后，双臂缓慢伸直，上身恢复准备姿势。重复动作。

1

← 双手在肩部正下方。

错误动作示范：
手臂没有伸直。

身体保持稳定，
缓慢下落。

2

单腿俯卧撑

动作步骤

1. 身体呈俯卧撑姿势，双手撑地位于肩部正下方，从头部到脚部呈一条直线。

2. 左腿抬起，左脚脚尖放于右脚脚跟上，右脚撑地。

3. 保持身体稳定，双臂屈肘，做俯卧撑动作。动作完成后，恢复为准备姿势。

1

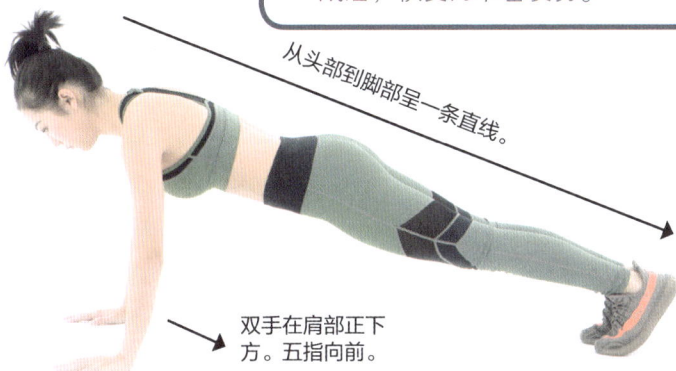

从头部到脚部呈一条直线。

双手在肩部正下方。五指向前。

2

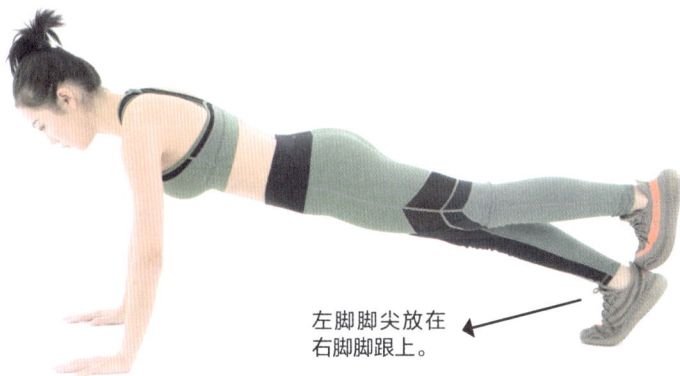

左脚脚尖放在右脚脚跟上。

45°

3

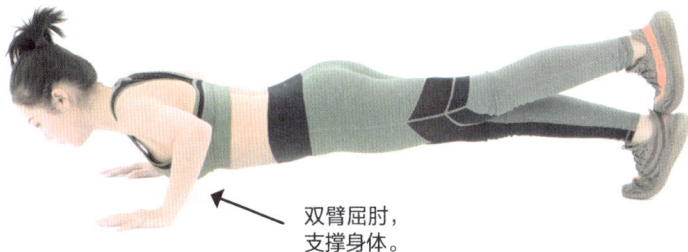

双臂屈肘，支撑身体。

蜘蛛侠俯卧撑

1

从头部到脚部呈一条直线。

45°

2

脊柱保持自然姿势。

45°

动作步骤

1. 身体呈俯卧撑姿势，从头部到脚部呈一条直线。双臂伸直，双手和双脚脚尖撑地。

2. 左腿屈膝并外展，提至体侧，保持与地面平行。身体保持稳定，双臂屈肘，身体下落至胸部靠近地面。收回左腿，双臂撑起身体，恢复准备姿势，提起右腿重复动作。

交错俯卧撑

1

2

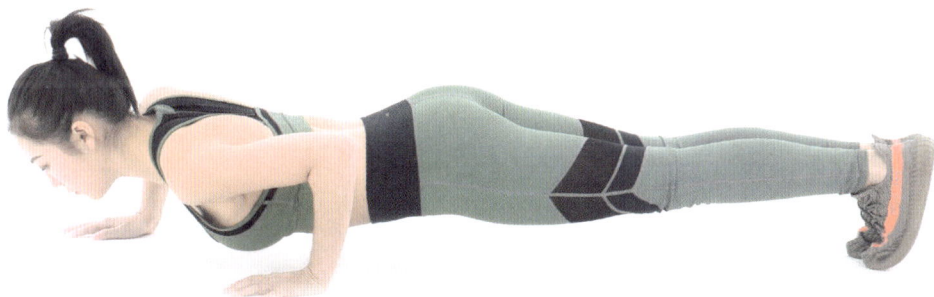

动作步骤

1. 身体呈俯卧撑姿势，从头部到脚部呈一条直线。双臂一前一后支撑于地面且保持伸直。

2. 双臂屈肘，使胸部尽可能靠近地面，做俯卧撑动作。动作完成后恢复准备姿势，换另一侧手臂在前，重复动作。

扶墙俯卧撑

1

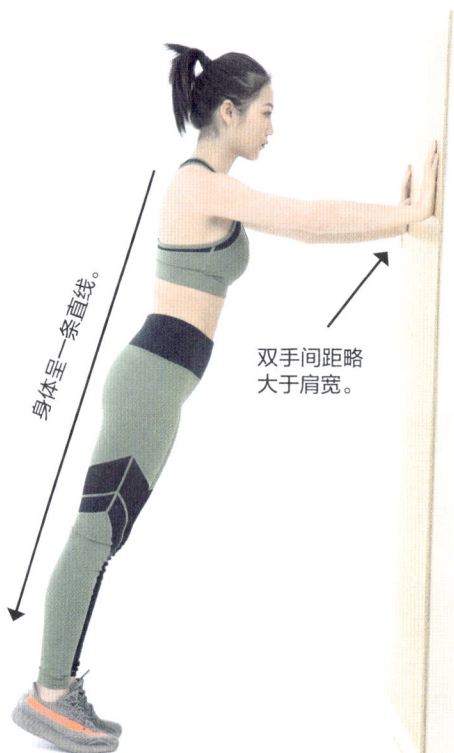

身体呈一条直线。

双手间距略大于肩宽。

动作步骤

1. 面向墙壁站立，身体略微前倾，脚跟提起，双手扶墙，双臂与地面平行。始终保持身体呈一条直线。

2. 双臂屈肘，身体随双臂动作继续前倾，至脸部靠近墙面，保持动作 1 ～ 2 秒。双臂发力，恢复准备姿势，重复动作。

向墙壁靠近。

2

跨步波比

动作步骤

1. 身体自然直立，双脚左右开立。
2. 双腿屈膝，上身下俯，双手撑地。右脚向后迈步，脚尖点地。
3. 保持右腿姿势不变，左脚向后迈步，身体呈平板支撑姿势。
4. 右脚向前迈步，收至腹前。
5. 保持右腿姿势不变，左脚向前迈步，双脚平行。
6. 恢复直立姿势，重复动作。

1 ·········→  ·······→ **2**

→ 右脚后迈一步。

3 ←········  ←

→ 左脚后迈一步。

← 右脚前迈一步。

4

5  ········→ **6**

← 左脚前迈一步。

四点支撑

动作步骤

双手与双脚脚尖撑地，双腿屈膝 90 度。躯干与大腿呈 90 度夹角，躯干、小腿分别与地面平行。双膝悬空，腹部收紧，背部挺直，保持动作 30 ~ 60 秒。

躯干与大腿夹角为 90 度。

膝关节夹角为 90 度。

45°

双膝悬空。

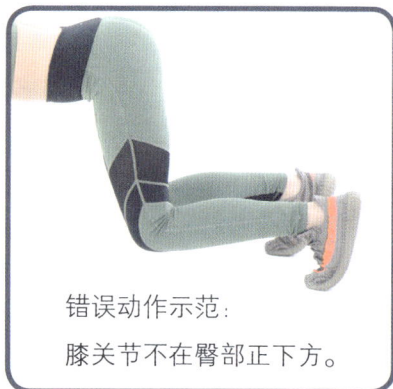

错误动作示范：

膝关节不在臀部正下方。

支撑平移

动作步骤

1. 身体呈俯卧撑姿势，右手放于泡沫垫上。
2. 做俯卧撑动作一次。
3. 身体向右移动，换成在左手位于泡沫垫上。
4. 完成俯卧撑动作一次。双手交替重复动作。注意胸部不要接触地面。

1

2

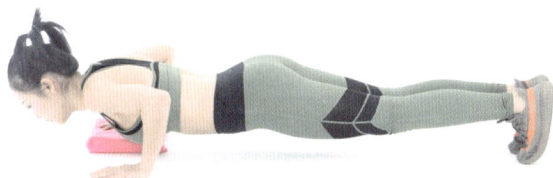

3

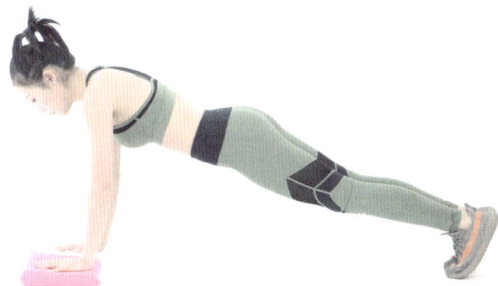

4

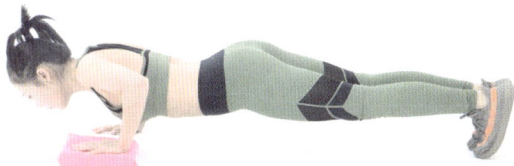

45°

错误动作示范：
胸部着地。

俯卧 YTW 伸展

1

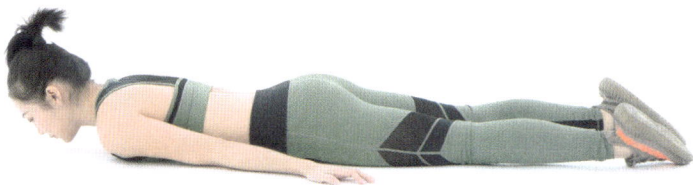

2

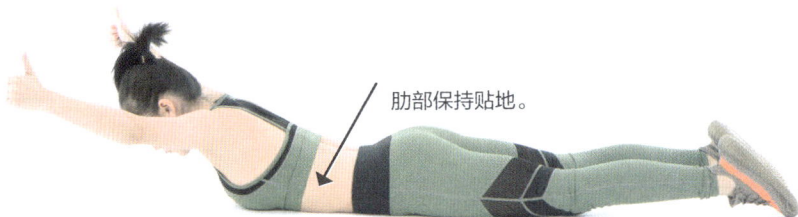

肋部保持贴地。

3

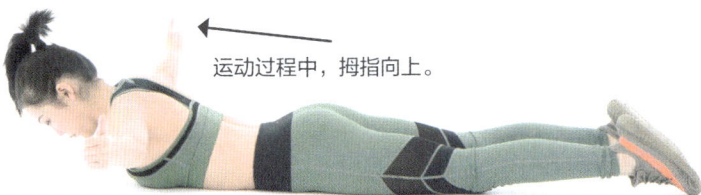

运动过程中，拇指向上。

4

背部肌肉发力。

错误动作示范：
在 T 伸展时，手臂抬起太高。

动作步骤

1. 俯卧于地面，双臂位于身体两侧（或双臂上举过头顶）并贴地，掌心向下。

2. 双臂向前，上举并与躯干呈 Y 字，双手握拳，拇指朝上。

3. 双手拇指用力上举，同时双臂向后打开至与肩部齐平，并与躯干呈 T 字，感受中背部肌肉持续发力。

4. 双臂屈肘，拇指仍朝上，此时双臂与躯干呈 W 字。双臂夹紧，中背部肌肉继续发力，挤压背部中间位置。

俯身 TW 伸展

动作步骤

1. 双腿略微屈膝，上身下俯，躯干与地面呈 30 ~ 45 度角。

2. 双臂伸直向两侧伸展至与肩部齐平且平行于地面，与躯干呈 T 字，双手握拳，拇指朝上。

3. 双臂屈肘，肩部放松，肘部夹紧，双臂与躯干呈 W 字，充分感受中背部肌肉发力，挤压背部中间位置。

错误动作示范：

腰部塌陷，腹部没有收紧。

躯干与地面的夹角为 30 ~ 45 度。

45°

向背部中间挤压。

肩部放松，肘部夹紧。

45°

俯身摆臂

① .... **②**

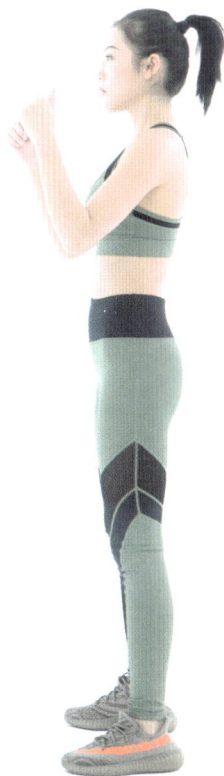

错误动作示范：
手臂没有伸直。

手臂后摆。

躯干与大腿
呈30度角。

45°

动作步骤

1. 身体自然直立，双脚左右开立，与肩同宽。双臂弯举至胸前位置。

2. 双腿屈膝，上身下俯，躯干与大腿呈30度角，双臂后摆。迅速挺直身体，双臂随之向前摆动，恢复准备姿势。重复动作。

3.2.2 下肢动作

循环弓步

动作步骤

1. 身体自然直立，双脚左右开立与肩同宽。
2. 左脚向前迈一大步，呈前弓步姿势，双臂随双腿自然摆动。
3. 左脚用力蹬地，左腿伸直。
4. 交换双脚位置，右脚在前左脚在后，呈前弓步姿势。注意保证后腿膝盖朝下，垂直位于髋部下方。前腿屈膝 90 度，膝盖与脚尖方向保持一致。双腿交替进行练习。

1

2

膝关节呈 90 度角。

3

用力蹬地。

4

提膝弓步

1 ┈┈┈┈┈┈┈┈┈┈┈┈> **2** ┈┈┈┈┈┈┈┈┈┈┈> **3**

错误动作示范：
弓步时后腿的
膝盖不在髋部
正下方。

左膝上提。

右脚脚尖撑地。

膝盖位于髋部正
下方。

动作步骤

1. 身体自然直立。

2. 右腿快速发力，右脚脚尖撑地，身体迅速向上并抬起左腿，使左腿膝盖尽可能向上抬起。双臂屈肘随双腿自由摆动，背部保持挺直。

3. 左脚后撤一步并下蹲，呈弓步姿势。随后左腿提膝并重复该动作。动作完成后，换另一侧重复。

45°

侧弓步

动作步骤

1. 双脚并拢，身体自然直立，上身挺直。

2. 右脚向右侧迈一大步，右腿屈膝，左腿伸直，上身屈髋向下。左臂伸直，指尖触碰右脚脚尖，右臂后摆。动作完成后髋部发力，右脚收回，恢复站立姿势。换另一侧重复动作。

1

45°

2

下颌内收。

屈髋幅度大。

膝关节伸直。

钟摆弓步

动作步骤

1. 身体呈站立姿势。

2. 身体重心右移，右脚向右侧跨一大步，两脚间距大于髋部宽度。右腿屈膝，左腿伸直呈右侧弓步姿势。双臂自然摆动。

3. 重心左移，右脚收回，左脚迅速向左侧跨一大步。左腿屈膝，右腿伸直，呈左侧弓步姿势。

1

2

重心在右脚。

两脚间距大于髋部宽度。

3

重心在左脚。

起跑式弓步

动作步骤

1. 身体呈自然站立姿势。

2. 左脚后撤，左腿伸直，脚尖着地。右腿屈膝 90 度，上身下俯，呈原地起跑式弓步。双手自然垂于右脚两侧。左脚向前迈步，恢复至起始姿势，接着换右脚后撤，重复动作。

1

45°

错误动作示范：
应该蹬直的腿没
有蹬直。

2

右膝朝向正前方。

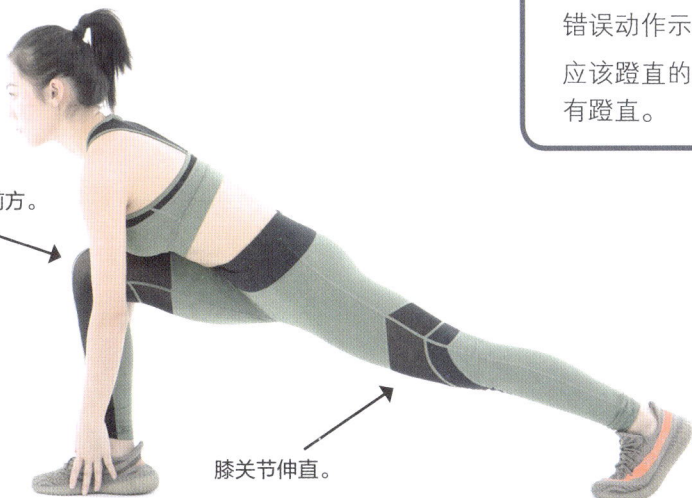

膝关节伸直。

单腿弓步

1 ⋯⋯⋯⋯⋯⋯⋯⋯⋯⋯⋯⋯ **2**

背部挺直。

背部挺直。

屈膝抬起。

45°

动作步骤

1. 双脚并拢，身体自然直立，背部挺直。

2. 右腿屈膝下蹲，左腿屈膝向后抬起。躯干前倾。双臂屈肘 90 度，上举至胸前位置。保持规定时间后，恢复站立姿势，换另一侧重复动作。

深蹲提踵

上身保持挺直,
身体下压。

双脚脚跟同
时上提。

动作步骤

1. 身体自然直立,双脚左右开立,
   略宽于髋部,脚尖微微向外。

2. 上身保持挺直,屈髋,臀部向
   下,呈深蹲姿势,双臂屈肘收
   于胸前。

3. 起身站立,脚跟离地,前脚掌
   支撑身体,保持平衡,注意双
   脚高度保持一致。

45°

分腿深蹲

动作步骤

1. 身体自然直立，右脚在前、左脚在后分开站立。

2. 双腿屈膝向下呈深蹲姿势，保持身体重心落于两脚之间，双臂屈肘收于胸前。

3. 完成深蹲后，起身，也可选择跳起或提踵两种方式提高训练强度。两脚交换前后位置重复动作。

保持目视前方。

身体重心落于
两脚之间。

左脚脚跟贴地，不要抬
起。脚尖外斜45度。

椅子单腿深蹲

动作步骤

1. 单脚站立，双臂向前平举，与地面平行，保持身体平衡。左腿前伸，上身保持挺直。

2. 右腿屈膝，至臀部接触椅子。动作完成后右腿发力，起身恢复站立姿势。接着换另一条腿重复动作。

1

手臂与地面保持平行。

膝盖方向与脚尖方向保持一致。

45°

2

上身保持挺直。

45°

深蹲跳

动作步骤

1. 身体自然直立，双脚左右开立，略宽于髋部，脚尖略微向外。

2. 上身保持挺直，屈髋，臀部向下，呈深蹲姿势，双臂屈肘收于胸前。

3. 双腿发力，身体挺直向上跳起，双臂自然向下摆动。随后，双脚轻轻落地，恢复深蹲姿势，重复动作。

上身保持挺直，身体下压。

脚尖略微向外。

落地要轻。

芭蕾深蹲跳

动作步骤

1. 身体自然直立，双脚左右开立，宽于肩部，脚尖外展直至臀部肌肉产生紧绷感。

2. 上身保持挺直，双臂屈肘于胸前，同时臀部垂直向下呈芭蕾舞深蹲姿势。

3. 身体恢复直立姿势，双腿发力迅速跳起，同时两脚跟在空中轻轻敲击，落地时双脚打开至与髋同宽，身体再次向下深蹲呈芭蕾舞深蹲姿势，重复动作。

1

臀部肌肉有紧绷感。

脚尖朝外。

双脚距离宽于肩部。

2

上身挺直，尾骨垂直于地面，身体重心下移。

3

在空中两脚跟轻击。

落地要轻。

立卧撑跳

①

动作步骤

1. 身体自然直立，双脚左右开立，与髋部同宽。

2. 俯身，双手撑地，双脚向后跳，呈俯卧撑姿势。

3. 完成一次俯卧撑动作。

4. 双脚向前跳向双手方向。

5. 身体恢复直立姿势，重复动作。

完成俯卧撑
动作。

② **③**

双脚向后跳。

双手撑地。

⑤ **④**

双脚向前跳。

波比跳

动作步骤

1. 身体呈站立姿势。

2. 双腿屈膝，上身下俯，双手撑地。

3. 双脚向后跳呈俯卧撑姿势，脚尖撑地。

4. 双脚向双手位置跳回。

5. 起身，恢复直立姿势。之后，迅速向上跳，同时双手在头部上方击掌。

①

②

手指向前。

③

双脚后跳呈俯卧撑姿势。

⑤

④

双脚向双手位置跳回。

拉力绳髋关节内收

1 ┈┈┈┈┈┈┈┈┈┈┈┈ **2**

上身挺直。

膝关节保持伸直。

动作步骤

1. 身体自然直立，双脚左右开立，略比肩宽。脚尖微外展，拉力绳固定于左脚脚踝位置。

2. 右腿支撑身体，保持平衡，左腿提起，向右拉动拉力绳。保持动作一段时间，然后恢复准备姿势，换另一只脚重复动作。

45°

勾腿跳

双手背在身后。

脚跟尽量接触臀部。

背部始终挺直。

45°

动作步骤

1. 身体呈站立姿势，背部挺直，目视前方。

2 ~ 3. 双手背于身后，双腿快速做勾腿后踢动作，使脚跟尽可能地接触到臀部。

高抬腿

① ······················> **②** ······················> **③**

  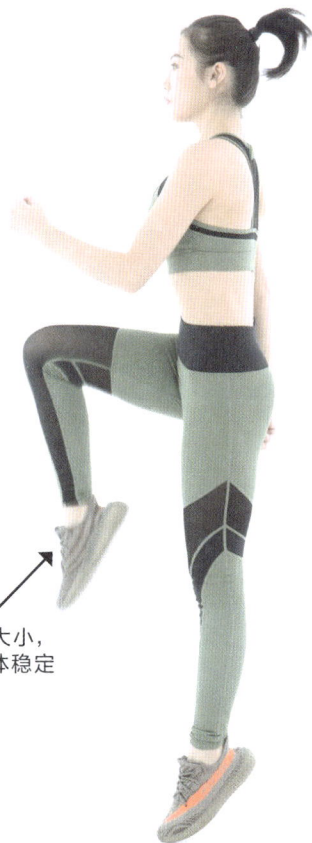

上身不要后仰。

双臂跟随节奏摆动。

上抬幅度的大小，以能保持身体稳定为前提。

45°

动作步骤

1. 身体自然直立，背部挺直，目视前方。

2～3. 双腿快速交替抬起，并以前脚掌着地，保持身体稳定，随着抬腿的节奏有力地摆动手臂。尽可能快地完成动作。动作越快，心率越快，呼吸也越快，上身不要向后仰。可略微减小抬腿幅度。

侧卧踢腿

1

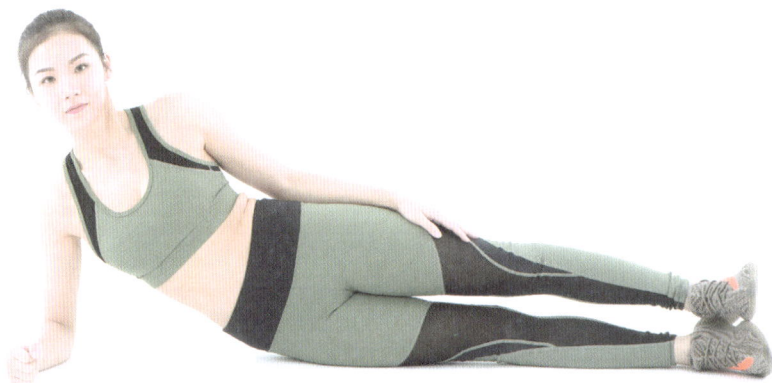

2

臀部外侧肌肉发力。

尽力上抬。

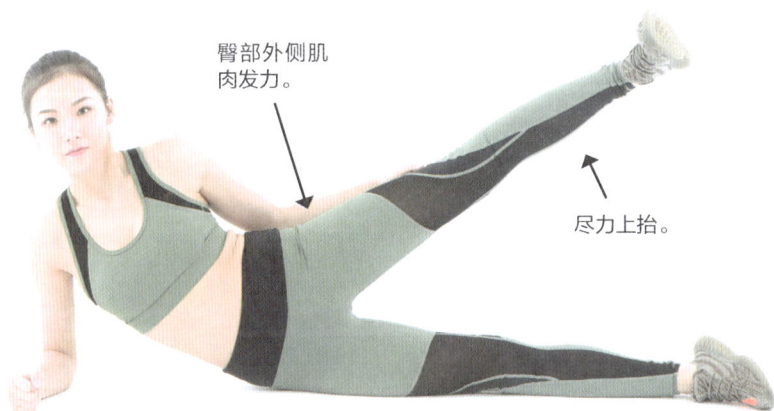

动作步骤

1. 身体呈侧卧姿势，右臂屈肘支撑地面。左手位于左腿上方。

2. 左腿尽力向上方抬起。动作过程中，注意保持身体稳定，动作完成后，换另一侧重复动作。

45°

单腿硬拉

① → ②

躯干与右腿呈一条直线，且平行于地面。

腹部用力收缩。

手臂自然下垂。

45°

③

动作步骤

1. 身体保持直立，腹部收紧。

2. 将身体重心向左移，左膝微微弯曲，右腿向后抬起。身体向前弯曲，躯干与右腿呈一条直线，尽可能与地面平行，双臂自然下垂，手指伸直。

3. 手臂、躯干与右腿迅速还原到初始位置，换另一侧重复动作。动作全程腰背保持挺直。

3.2.3　核心部位动作

V 字坐起

1

双脚距离约与髋部同宽。

45°

伸展双臂，双手距离约与肩同宽。

2

双脚抬离地面。

肩部下沉。

躯干挺直。

45°

动作步骤

1. 屈髋坐于地面，双腿屈膝，双脚分开，间距大约与髋部同宽。身体后倾，保持背部挺直，肩部下沉。双臂伸出，间距大约与肩同宽，肘部伸直，手指向前伸。保持 V 字坐姿。

2. 当身体保持平稳时，将双脚抬离地面。屈髋，使双腿与躯干尽可能地相互靠近。然后伸髋，使双腿与躯干相互远离。重复动作。

俄罗斯转体

1

背部一直挺直。

2

3

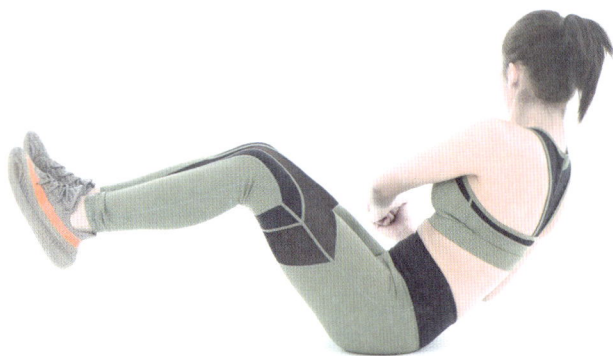

动作步骤

1. 身体呈坐姿，屈髋屈膝，呈 V 字坐于地面 。双脚并拢，双腿抬起。双手抱拳置于胸前，双肘弯曲位于身体两侧。

2. 保持身体稳定，背部挺直，向左侧转体。

3. 保持背部挺直，向右侧进行同样的转体动作。手握药球或哑铃进行练习，可增加训练难度。

盘腿卷腹

1

2

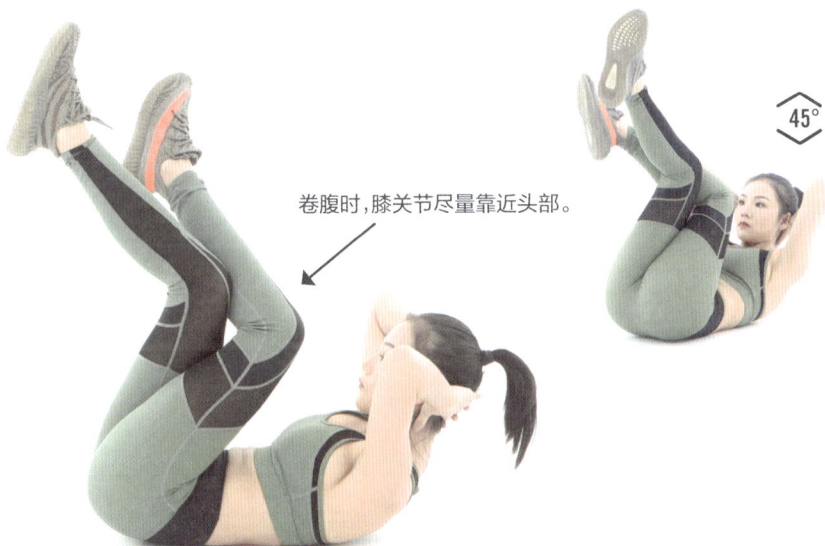

卷腹时,膝关节尽量靠近头部。

动作步骤

1. 身体呈仰卧姿势，双腿屈膝抬起，左腿落于右膝上方。双手扶于脑后。

2. 头部与上背部抬离地面,做卷腹动作。每次卷腹时,尽量将腿部拉近头部。完成动作后,交换双腿位置进行练习。

单车卷腹

1

肘部触碰对侧膝盖。

2

保持核心部位肌肉紧绷。

错误动作示范：
卷腹的时候伸直的腿着地。

3

一条腿抬起的同时，
另一条腿伸直。

45°

动作步骤

1. 身体呈仰卧姿势，平躺于地面。双手放于脑后，肘部朝外。

2. 保持右腿抬离地面并伸直，左腿屈髋屈膝，同时右侧肩部抬起使躯干向左侧旋转，用右肘触碰左膝。

3. 伸展左腿，屈右腿，左侧肩部抬起使躯干向右侧旋转，用左肘触碰右膝。两侧交替，重复动作。

卷腹摸脚

1

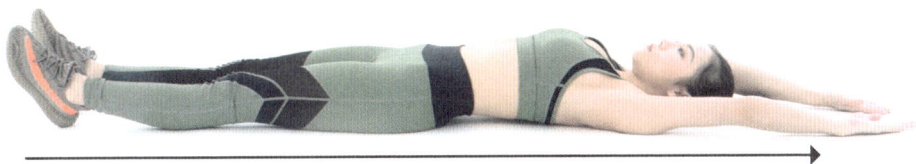

双腿、躯干、双臂呈一条直线。

2

双手尽量触摸脚尖。

错误动作示范：
摸脚时膝盖过于弯曲。

动作步骤

1. 仰卧在地面上，双腿和双臂伸直。保持双臂伸过头顶。双臂尽量与身体呈一条直线。
2. 同时抬起双腿和躯干，尽可能用双手触摸脚尖。躯干和双腿呈 V 字。然后将身体降低到起始位置。重复动作。

仰卧起坐

1

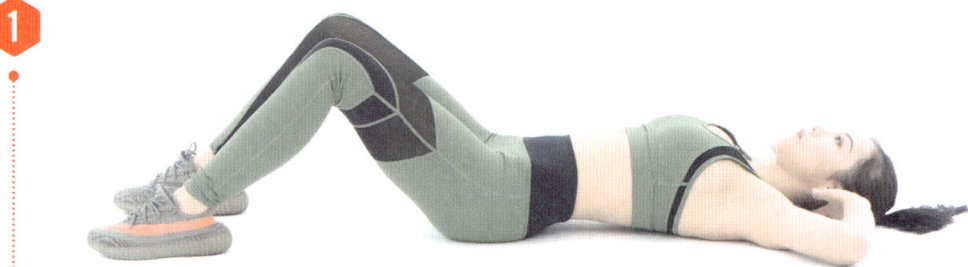

2

双脚始终平放。

躯干抬起。

45°

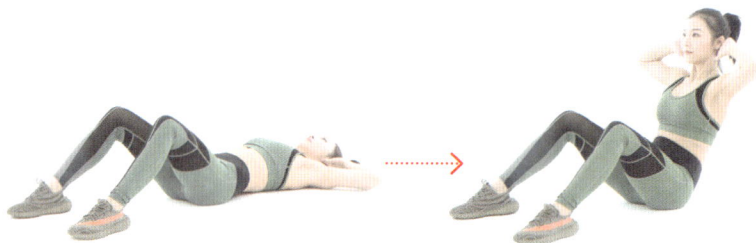

动作步骤

1. 仰卧在地面上，将双手手指置于耳后，肘部紧贴地面。膝盖弯曲，双脚平放在地面上。

2. 躯干抬起，呈坐姿，双脚始终平放在地面上。保持动作流畅，缓慢降低躯干，回到起始位置。

仰卧起跳

1 ⟶ **2**

双膝距离与肩同宽。

膝关节弯曲。

肩部至臀部
紧贴地面。

腰腹部肌肉
收缩发力。

臀部略微抬起。

4 ⟵ **3**

慢慢恢复直立。

向上跳起。

动作步骤

1. 身体呈仰卧姿势，双腿上举，双膝间距与肩同宽，膝关节弯曲，双手握拳置于胸前，肘部弯曲。肩部至臀部紧贴地面。

2 ~ 4. 臀部略微抬高，借助腰腹部肌肉的力量及双腿的惯性，放下双腿同时躯干抬起由仰卧姿势变为坐姿，然后慢慢直立起身，并尽力向上跳起（跳起时可增加击掌动作）。

单腿臀桥

1

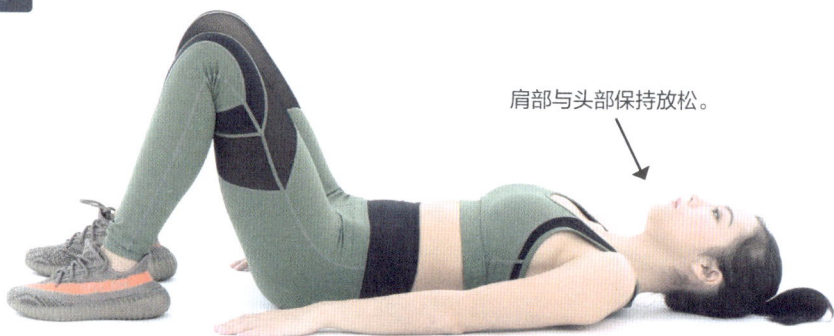

肩部与头部保持放松。

2

45°

动作步骤

1. 身体呈仰卧姿势，双脚分开与髋部同宽，头部和肩部放松。手臂伸直放于地面。双腿屈膝，双脚平放在地面上。

2. 右腿保持不动，左腿上抬伸展，保持其离地，尽量保持双膝处于同一高度。保持左腿的大腿肌肉紧绷，同时尽量将髋部上抬，然后缓慢下放。完成规定次数，然后换腿练习。

站立前屈体

从头部至背部呈一条直线。

腹部收缩，上身几乎与地面平行。

45°　45°

动作步骤

1. 身体呈站立姿势，双手自然垂于身体两侧，肩胛骨后缩，腰背挺直。

2. 双臂屈肘抬至头部两侧，向两侧打开，双手轻按耳后位置。接着屈髋，上身向前弯曲，俯身至最大幅度，几乎与地面平行即可。保持动作 1 ~ 2 秒。

平板支撑

1

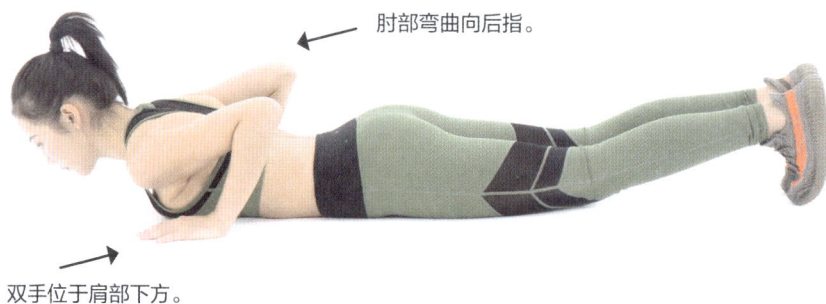

肘部弯曲向后指。

双手位于肩部下方。

2

从头部到脚部呈一条直线。

脚尖撑地。

核心收紧。

臀部肌肉与股四头肌绷紧。

45°

动作步骤

1. 双手平放于地面上，手臂靠近身体两侧，肘部弯曲向后指。腿部挺直。

2. 核心收紧，伸肘，抬起身体，双手和双脚脚尖支撑，身体从头部到脚部呈一条直线，保持 30 秒左右。

固定物俯卧撑

1

手臂伸展。

2

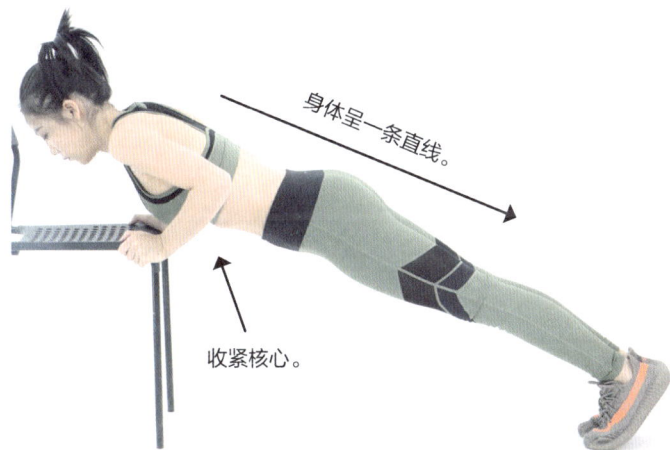

身体呈一条直线。

收紧核心。

动作步骤

1. 身体呈俯卧撑姿势，手臂伸直，双手紧握椅子的角。

2. 保持身体从头部到脚部呈一条直线，核心收紧。屈肘，使身体下降至胸部几乎靠近椅子。

侧平板支撑

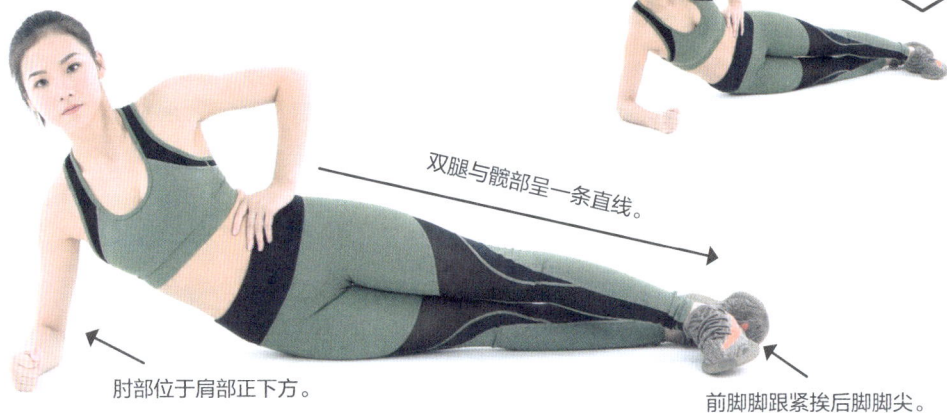

① 双腿与髋部呈一条直线。

肘部位于肩部正下方。

前脚脚跟紧挨后脚脚尖。

45°

② 保持身体挺直。

45°

动作步骤

1. 身体呈侧卧姿势，右臂屈肘支撑身体。双腿与髋部呈一条直线，左臂屈肘抬起，左手扶腰。双脚一前一后，上方的脚位于下方的脚的前面，前脚脚跟触到后脚脚尖，并与之对齐。

2. 用右臂与双脚将身体撑起，身体挺直，保持动作 30 秒左右。

单臂平板支撑

1 ⋯⋯⋯⋯⋯⋯⋯⋯⋯⋯⋯⋯⋯⋯⋯→ **2**

手指轻触对侧肩关节。

保持核心部位稳定。

4 ⋯⋯⋯⋯⋯⋯⋯⋯⋯⋯⋯⋯⋯⋯ **3**

触肩时保持身体稳定。

动作步骤

1. 身体呈双臂支撑的平板支撑姿势。

2. 左手上提至对侧肩部，手指轻触对侧肩关节。

3. 将手放回地面，回到平板支撑姿势。

4. 换另一只手重复触肩动作。连续进行反向换手触肩练习，同时保持核心部位稳定。

泳姿支撑

1

双臂间距与肩同宽。

腹部内收，保持身体稳定。

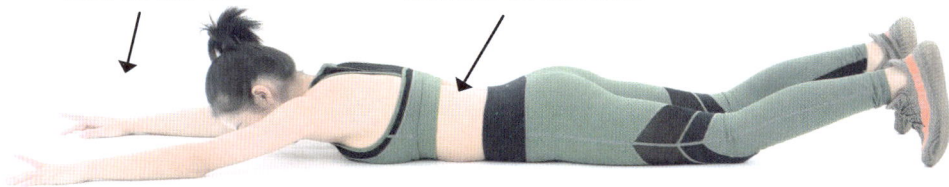

2

下落时控制力量。

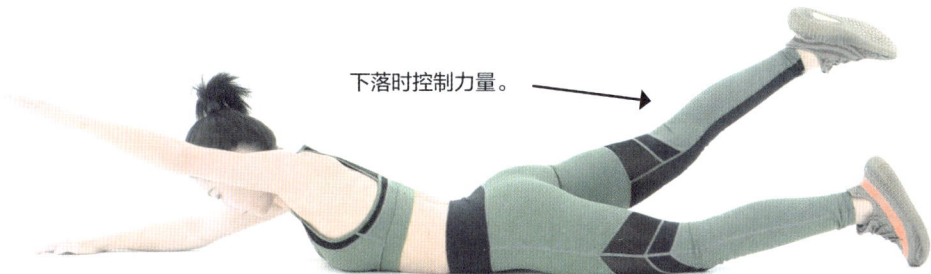

动作步骤

1. 身体呈俯卧姿势，双臂间距与肩同宽，双臂伸展至头部前方，双腿向后伸展，双脚间距与髋部同宽，保持身体稳定。

2. 同时抬起左臂和右腿。然后放下，抬起右臂和左腿。控制动作的节奏，不断地抬起一侧手臂和对侧的腿。重复动作。

3.2.4　全身动作

开合跳

跳起时肌肉放松。

肩部发力，抬臂。

腹部肌肉收缩发力。

动作步骤

1. 身体自然直立，双脚并拢。收紧腰腹，手臂用力绷紧。

2. 双腿分开，向上起跳，同时双臂打开。

3. 双脚落地，同时双手从体侧向头顶上举。

4. 双脚再次起跳，落下时双脚并拢，同时双臂向下放至体侧。重复动作。

弓步波比跳

1 ....> **2**

头部与背部呈一
条直线。

左脚后迈，膝
关节伸直。

腹部肌肉收缩发力。

3

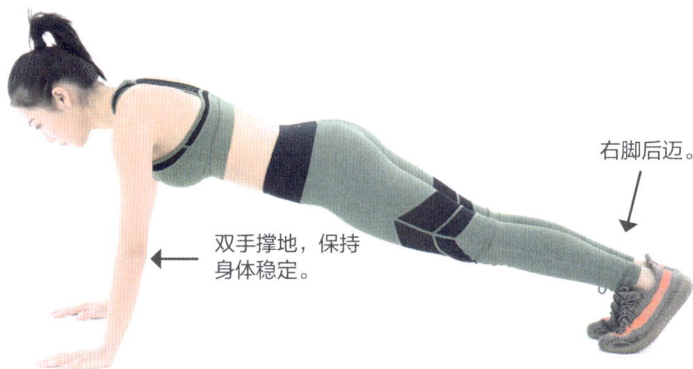

右脚后迈。

双手撑地，保持
身体稳定。

45°

动作步骤

1. 身体自然直立，双脚左右开立，与肩同宽。

2. 上身下俯，双手撑地，保持双肩稳定，左脚向后侧迈步，左脚脚尖点地。

3. 保持左腿姿势不变，右脚向后迈步，右脚脚尖点地。身体呈平板支撑姿势。

4. 左脚向前迈步，收至腹前。

5. 保持左腿姿势不变，右脚向前迈步，双脚平行。

6. 直立起身，向上起跳并在头顶击掌。随后恢复准备姿势，重复动作。

右脚前迈。

左脚前迈。

45°

臂前伸开合跳

1 .... **2**

双臂抬至与肩同高。

双臂侧平举时手心朝前。

45°

45°

动作步骤

1. 身体自然直立，双脚并拢，双臂前平举与肩部齐平，双手合十。

2. 双脚分开跳起，同时双臂侧平举，肘部完全伸展。然后还原至准备姿势，重复动作。

横向跳

1 ....➤ **2** ....➤ **3**

膝盖不超
过脚尖。 ←

落地时左脚脚
尖轻点地。 ↓

45°

动作步骤

1. 身体自然直立，双脚并拢。

2. 俯身，屈膝，向右跳跃一步，
   右脚落地，左脚脚尖点地并落
   于右脚之后，双臂自然摆动。

3. 迅速转身并向左跳跃一步，左
   脚落地，右脚脚尖点地并落于
   左脚之后。左右交替，重复动作。

海豚俯卧撑

1

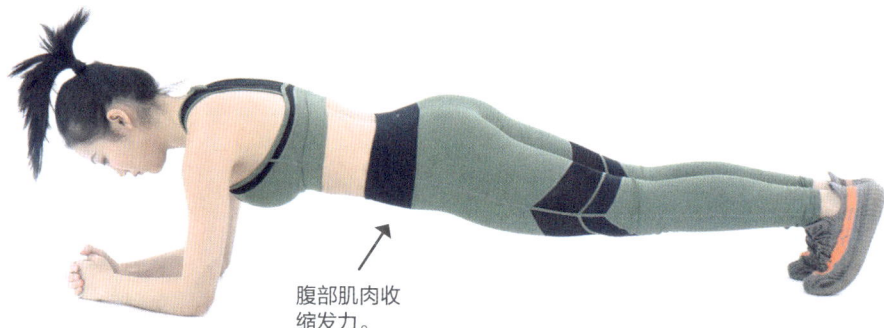

腹部肌肉收缩发力。

45°

2

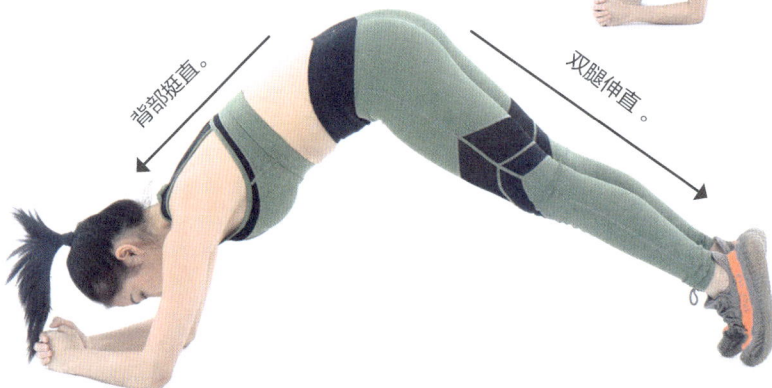

背部挺直。

双腿伸直。

45°

动作步骤

1. 身体呈屈臂平板支撑姿势，双手抱拳，位于头部下方，脚尖撑地（踝关节背屈），保持屈臂平板支撑姿势。

2. 屈髋，臀部朝上抬起，保持背部挺直，双腿伸直，脚尖撑地（踝关节跖屈）。随后，臀部下落回到屈臂平板支撑姿势，重复动作。

登山步

身体呈一条直线。

相对于肩部，双手稍靠前。

45°

右腿用力伸直。

膝盖向前至胸部位置。

动作步骤

1. 身体呈俯卧撑姿势，双手和双脚脚尖支撑。

2. 髋关节微屈，右膝上提至胸部。

3. 跳起并换脚，左膝上提至胸部，同时右腿用力伸直。连续跳起换腿，重复动作。

速滑步

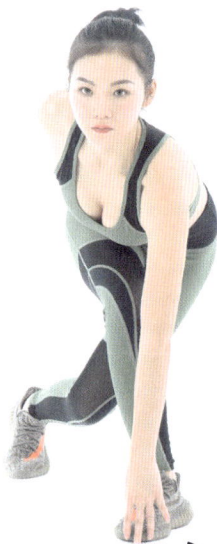

将身体重心放在右脚。

动作步骤

1. 身体自然直立，双脚并拢。

2. 右脚右跨一步，随后左脚向右后方撤步，左脚脚尖点地。同时俯身，屈髋，使胸部与右膝相触。右臂自然后摆，左手向下触摸右脚脚尖。

3. 向左横向移动，重复同样的动作。

45°

转体跳

动作步骤

1. 身体自然直立，背部挺直，双脚并拢。双手合十置于胸前，肩胛骨下拉，肘部略微向下和向外。

2. 跳起，双脚脚尖转向左侧。落地的同时，躯干向右扭转。

3. 向右跳跃，脚尖转向右侧，同时躯干向左扭转。在运动过程中，双手和双臂保持发力，背部肌肉和肩胛骨保持收紧。

摆臂跳

1 ·········▶ **2** ·········▶ **3**

躯干保持挺直。

一只脚抬起时，另一只脚踮脚上跳。

动作步骤

1. 身体自然直立。
2. 左膝垂直上抬，同时左脚跳离地面。双臂发力摆动，带动身体跳起。动作过程中，保持躯干挺直。
3. 右脚跳离地面，重复动作。

45°

伐木蹲

① ········> ② ········> ③

双脚跳起。

动作步骤

1. 双脚左右开立，略宽于髋部。

2. 双手交握，向左上方抬起，双脚跳起。

3. 双脚落下，身体向下，呈深蹲姿势，将双臂甩向右膝外侧，上身向右侧扭转。随后再次跳起，双臂换至对侧重复动作。

极限跳跃

动作步骤

1. 身体自然直立，双脚开立，与肩同宽。屈髋，俯身，双臂向后伸放在髋部两侧。

2. 以爆发性的动作尽可能向前跳得更远。

3. 双脚着地时稍微屈髋、屈膝，以起到缓冲作用。然后回到起始姿势，重复动作。

1

双臂后伸。

髋部向前屈。

双脚距离与肩同宽。

2

3

屈膝，起到缓冲作用。

动物爬行

1

身体呈一条直线。

45°

2

3

动作步骤

1. 身体呈俯卧撑姿势，双手和双脚脚尖支撑。

2. 右脚向前跨一大步并落至同侧手的外侧，同时左手大幅度地向前移动，带动身体爬行。

3. 左脚向前跨出一大步并落至同侧手的外侧，同时右手大幅度地向前移动，带动身体爬行。有节奏地重复动作让身体前进，注意前进时一定要大幅度活动脊柱。

反向爬行

45°

1

双手位于肩部下方。

2

从膝关节到肩关节尽量一直保持水平状态。

对侧手脚同时前进。

3

动作步骤

1. 坐在地板上，膝盖弯曲，双手支撑于肩部下方，抬起臀部，直至膝盖与胸部处于水平位置。

2. 向脚尖所指方向前进，左手与右脚同时前进。尽量在膝关节与肩关节保持水平状态的前提下前进。

3. 接着右手与左脚同时前进。重复动作，让身体前进。

反向支撑摸脚

动作步骤

1. 双手后伸撑地，位于肩部下方，膝盖弯曲，双脚间距与肩同宽。臀部抬起，使身体与地面平行。

2. 左腿抬起，左手和右脚支撑身体，右手尽量触碰左脚脚尖。

3. 右腿抬起，右手和左脚支撑身体，左手尽量触摸右脚脚尖。运动时注意呼吸的节奏。吸气时放下，呼气时抬起。重复动作。

伸展环绕

1

动作步骤

1. 双脚左右开立，与肩同宽，双臂张开，向上举起。

2～7. 双臂保持伸直，向右旋转，腰部随之旋转。动作不停，双臂及躯干继续向下、向左再向上旋转，直到旋转一周并回到起始位置。

2

← 双臂保持伸直状态。

3

背部始终挺直。

⑦ ⑥

腹部肌肉
收缩。

④ ⑤

交叉跳

四肢保持放松。

腰腹收缩
发力。

动作步骤

1. 左脚在前右脚在后，向上跳起，双臂屈肘自然摆动。跳起时腰腹收缩发力，左右小幅度地转动身体，动作尽可能轻松流畅。

2. 落地后再次向上起跳，腾空时双脚交换前后位置。重复动作。

3.3 HIIT 器械动作

3.3.1 跳绳动作

基本跳绳

动作步骤

1～6. 肩部放松，躯干保持挺直，手臂和膝盖微屈，双脚并拢，腹部收紧，用手腕的力量向前挥动跳绳。双脚前脚掌着地，轻轻跳起。注意避免落地过重以及用手臂的力量挥动跳绳。

1

2

向前挥绳。

3

6

5

4

用手腕的力量挥绳。

双脚落地要轻。

反向跳绳

动作步骤

1～5. 肩部放松，躯干保持挺直，手臂和膝盖略微弯曲，双脚并拢，腹部收紧，手腕用力向后挥动跳绳。双脚前脚掌着地，尽可能轻地跳跃和下落，在运动时肩部和肘部绷紧。

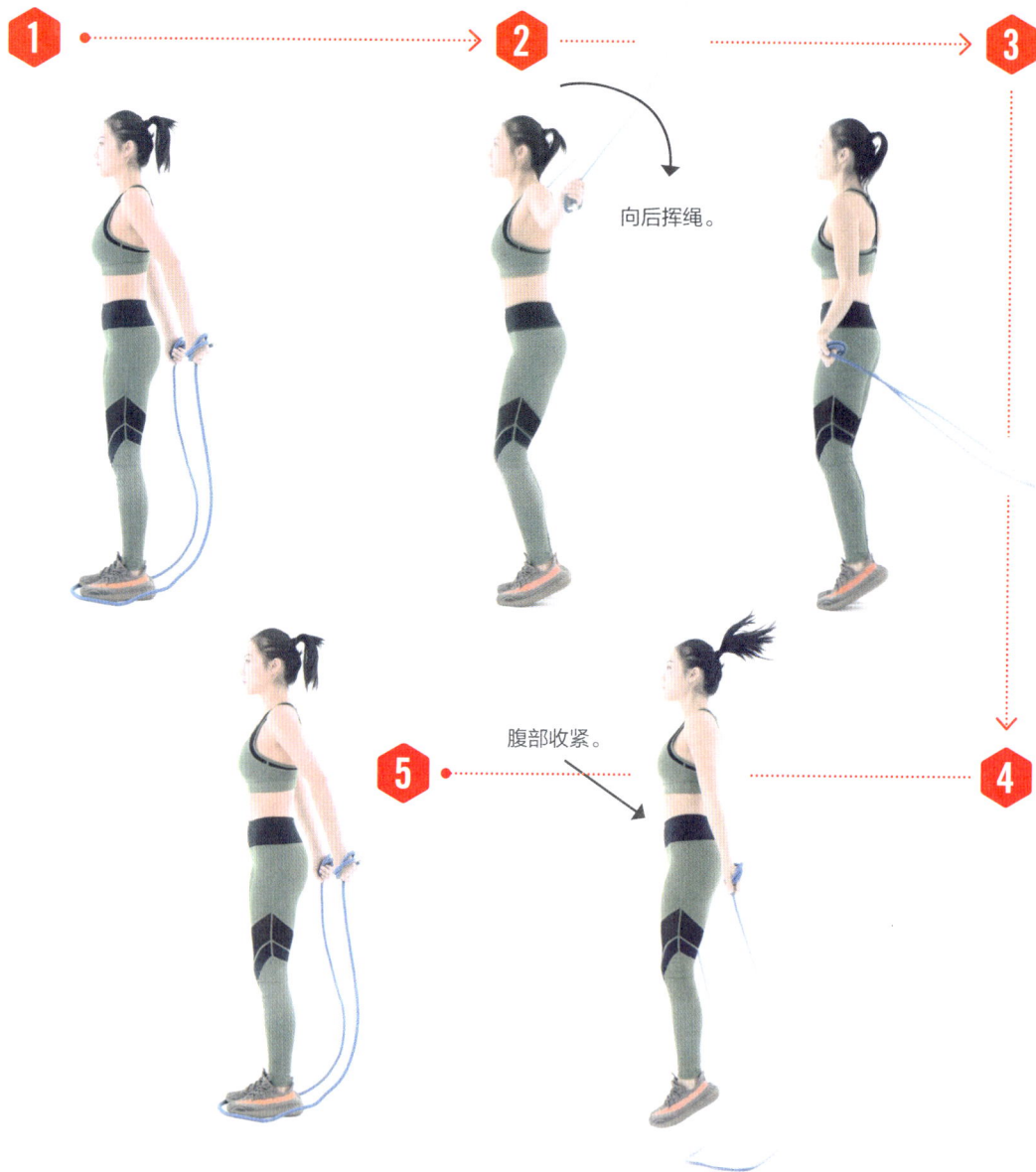

1

2

向后挥绳。

3

5

腹部收紧。

4

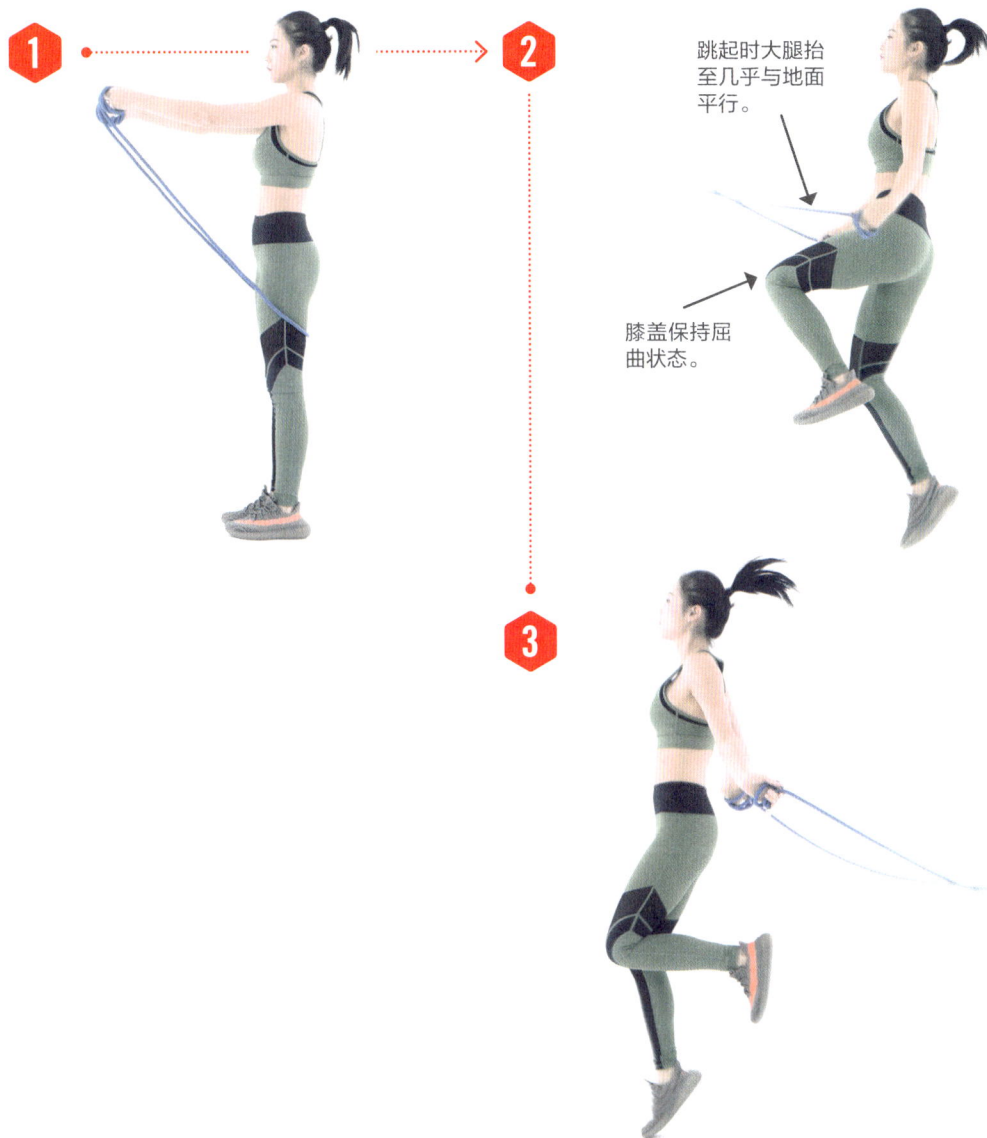

高抬腿跳绳

①

②

跳起时大腿抬
至几乎与地面
平行。

膝盖保持屈
曲状态。

③

动作步骤

1～3. 肩部放松，躯干保持挺直，手臂和膝盖略微弯曲，双脚并拢，腹部收紧，手腕用力向前挥动跳绳。用前脚掌着地，尽可能轻地单腿高抬腿跳跃并下落，在运动时肩部和肘部绷紧。做高抬腿跳跃时，大腿尽可能与地面平行。

单腿跳绳

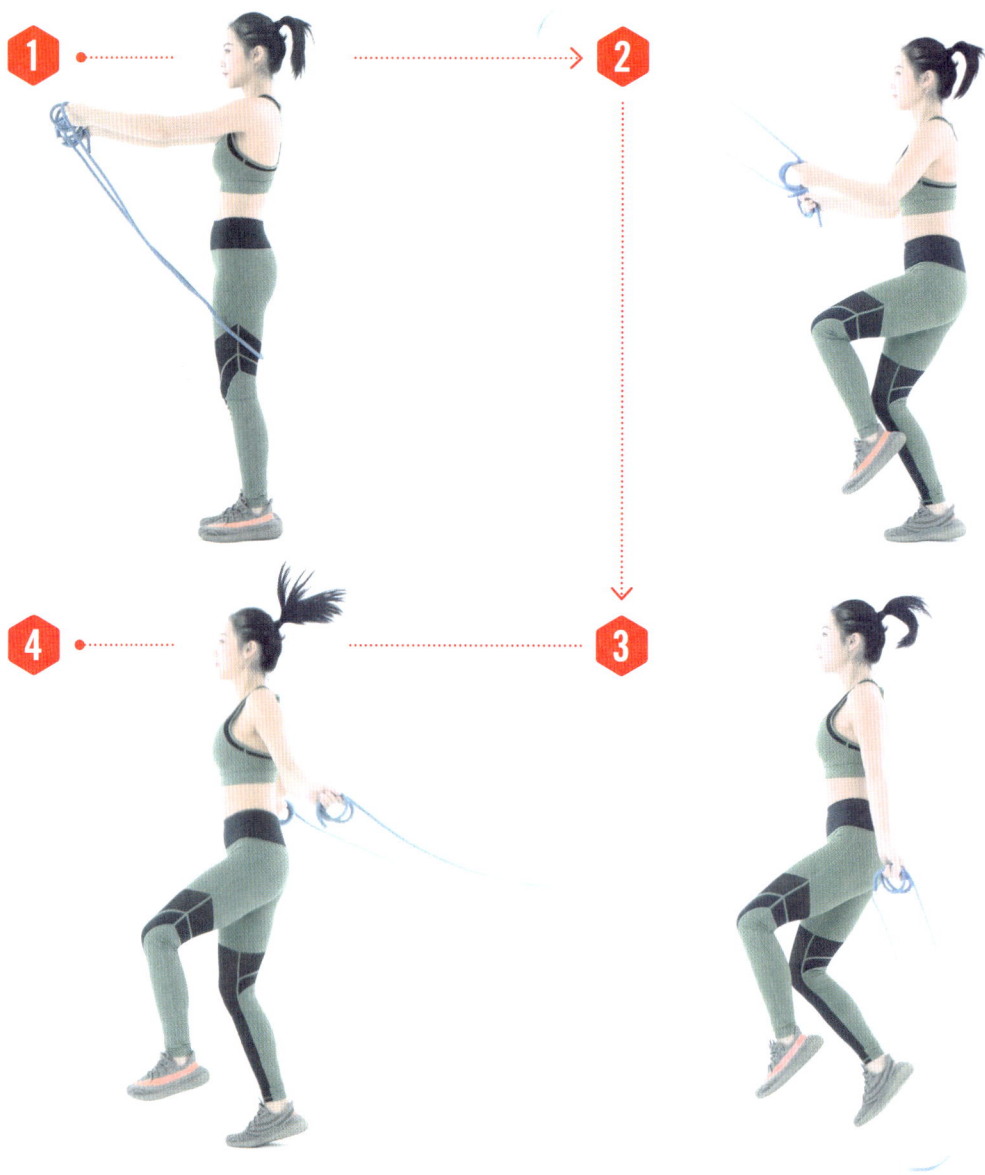

动作步骤

1~4. 肩部放松，躯干保持挺直，手臂和膝盖略微弯曲，双脚并拢，腹部收紧，手腕用力向前挥动跳绳。单腿起跳，起跳时尽量轻盈、富有弹性，在运动过程中肩部和肘部保持绷紧状态。

3.3.2 常见器械训练动作

直立划船

1　　　　　　　　　　**2**

拉至最高点时，
稍做停顿。

45°

动作步骤

1. 双脚踩住拉力绳中部。确定拉力绳牢固后双手各握一只手柄，自然垂于身体两侧。手掌朝后，拉紧手柄。

2. 双手向上拉，双肘朝外，将手柄拉至肩部高度。在最高点稍做停顿，然后缓慢下放手柄，回到准备姿势，重复动作。

弹力带胸前推

动作步骤

1. 双脚分开站立，双手持握弹力带，让弹力带绕过背部，使弹力带两端可以从腋窝下方伸出。

2. 拳心向下，将弹力带两端径直向肩部前方推出，直到肘部完全伸展。稍做停顿，然后屈肘返回，将弹力带两端拉回至肩部。重复动作。

1 .... **2**

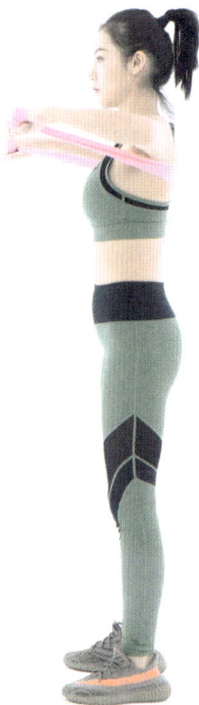

手握紧时拳心朝下。

向肩部前方推出。

45°

45°

错误动作示范：

做起始动作时，肘部没有抬到与肩部同高。

飞鸟

掌心相对。

动作步骤

1. 双脚前后站立，后脚脚尖着地，双手持弹力带，让弹力带绕过背部，弹力带两端可以从腋窝下方伸出。双臂向两侧打开，并保持水平。

2. 保持双臂水平，向前水平内收，直至呈前平举姿势。

3. 双臂向两侧打开，恢复至准备姿势，重复动作。

俯身划船

1 ·············· **2**

双臂垂直向下。

双臂垂直上拉，拉至顶端时，稍做停顿。

动作步骤

1. 双脚前后站立，膝盖略微弯曲。身体前倾，髋部屈曲，背部挺直，双手各持一个哑铃。双臂垂直向下，靠近身体，手掌相对。

2. 同时将两个哑铃提拉至腰部两侧。动作稍做停顿，然后双臂伸直恢复准备姿势，重复动作。

45°

上推举

动作步骤

1. 双手持握哑铃站立，双脚间距略宽于肩部。

2. 双臂屈肘，肘部向下，屈膝下蹲，把哑铃拉近身体。

3. 踮起脚尖，身体迅速挺直，同时把手臂举过头顶。然后下蹲，重复动作。注意上臂始终靠近身体两侧。

45°

1

2

下蹲时，上臂紧贴身体两侧。

肘部指向地面。

3

身体挺直。

侧平举

1 **2**

手臂向两侧抬至水平高度，并稍做停顿。

错误动作示范：
平举时双臂不在同一高度，即一高一低。

45°

动作步骤

1. 身体自然站立，双手持握哑铃。双臂垂于身体两侧，掌心向内。

2. 手臂保持伸直，慢慢向两侧抬起，直到与地面平行，身体此时呈 T 字。随后，双臂下放恢复为准备姿势，重复动作。

前屈臂

1 ➔ **2** ➔ **3**

向上屈肘，将哑铃举至肩部高度。

背部保持挺直。

上臂与前臂在一个矢状面内。

错误动作示范：

1. 屈臂时，前臂与上臂不在同一平面上，朝身体外侧移动；
2. 屈臂时，肘部朝身体内侧移动。

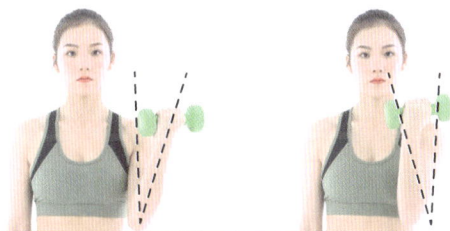

45°

动作步骤

1. 双脚分开站立，双手持握哑铃，双臂自然垂于身体两侧，掌心向内。
2. 背部保持挺直，慢慢弯曲一只手臂，将哑铃举至肩部高度，然后慢慢下放哑铃。
3. 换另一只手臂重复动作。这个练习中，可以用壶铃或任何可以抓住的重量装置来代替哑铃。

后屈伸

① ·································· ②

肘部完全伸直，在动作
最高点稍做停顿。

双脚夹角为 45 度。

动作步骤

1. 双脚前后开立，右脚在前，左脚在后，上身下俯，左手握哑铃。前脚脚尖向前，后脚脚尖和前脚呈 45 度角。右手放在右膝上，身体稍向右侧倾斜，左肘弯曲呈 90 度角。

2. 左肘向后伸展，至肘部完全伸直。稍做停顿，恢复为准备姿势。完成规定次数后，交换双手和双脚姿势进行训练。

跪姿屈伸

1

45°

2

左臂后伸至肘部
完全伸直。

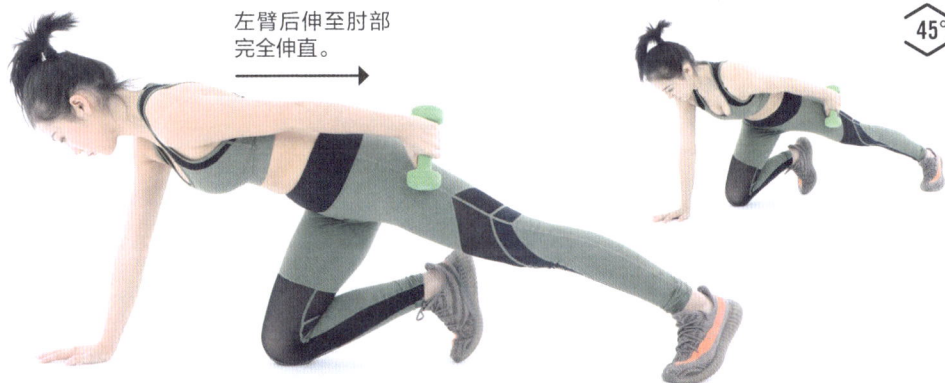

45°

动作步骤

1. 右膝跪地，右手手掌撑地，左腿向后伸直，脚尖着地。左手持哑铃，左臂屈肘呈90度角，上臂紧贴躯干。

2. 保持身体姿势不变，左臂后伸直至肘部完全伸直。稍做停顿后恢复为准备姿势。完成规定次数后，交换双手和双脚姿势进行训练。

卧推

45°

1

掌心朝前，哑铃 → 几乎碰在一起。

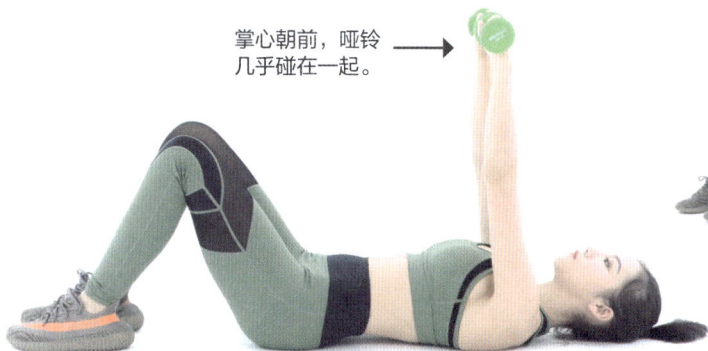

2

3

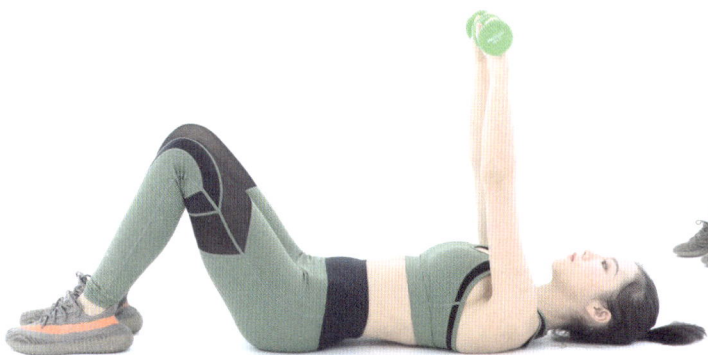

动作步骤

1. 双手持哑铃，仰卧于地面，双臂举起置于胸部上方，掌心朝前，但稍微向内转动。双腿屈膝，双脚平放在地面上。

2. 肩胛骨保持夹紧，双臂屈肘向下，至上臂接触地面。

3. 双臂向上推举，恢复至准备姿势，重复动作。在运动过程中尽可能地夹紧肩胛骨，以稳定肩部，减小受伤的风险。

侧卧外旋

1

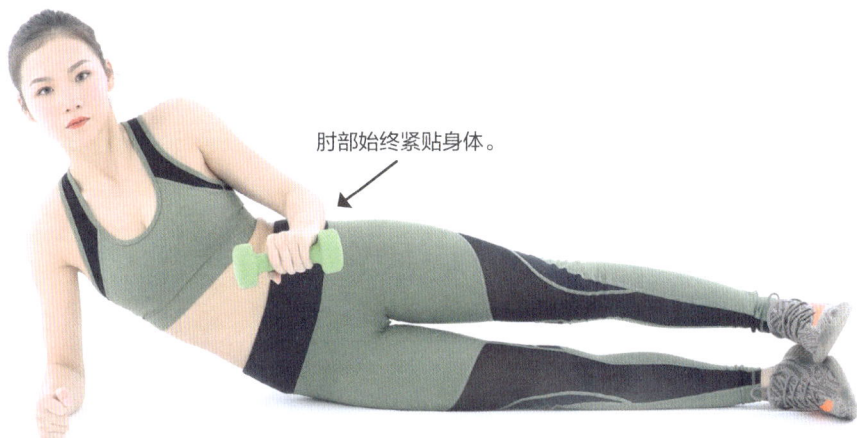

肘部始终紧贴身体。

2

手臂弯曲90度。

45°

动作步骤

1. 身体呈侧卧姿势，右臂屈肘支撑身体。左臂屈肘，肘部紧贴身体，前臂平行于地面，左手持哑铃。

2. 保持肘部紧贴身体，前臂向上转动，带动哑铃向上移动，然后缓慢恢复至起始位置。重复动作。完成规定次数后换另一侧重复动作。

哑铃深蹲

1 .... **2**

错误动作示范：

做起始动作时缩肩。

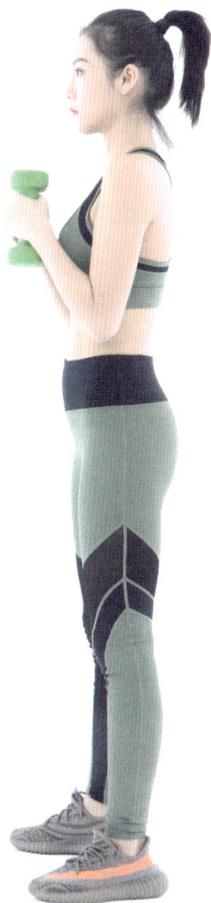

哑铃位于胸部前方。

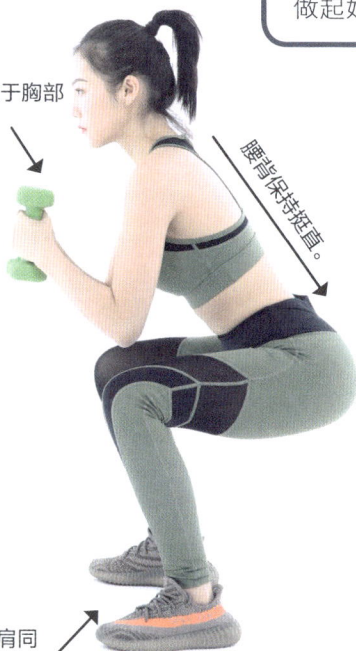

腰背保持挺直。

双脚距离与肩同宽，脚尖朝外。

动作步骤

1. 身体呈站姿，双脚开立，与肩同宽，双手持握哑铃于胸前。

2. 双脚脚尖稍外展，躯干挺直，同时屈髋屈膝，下蹲至大腿与地面平行，完成深蹲动作。保持哑铃位于胸前。完成深蹲动作后，身体直立恢复为准备姿势。重复动作。

哑铃后弓步接上举

动作步骤

1. 左手持哑铃站立。

2. 左脚向后跨一大步，身体呈左腿单腿跪姿，躯干挺直，左手持哑铃屈肘于胸前，拳心向后，哑铃与下巴齐平，右手放在右膝上。

3. 身体保持不动，左手向上举起哑铃至手臂完全伸直，此时拳心向前。完成动作，恢复为站姿。双腿交换姿势，右手持哑铃重复动作。

1

2

哑铃与下巴齐平。

背部保持挺直。

3

上举至手臂伸直。

壶铃甩摆

动作步骤

1. 身体自然直立，双脚左右开立，与肩同宽。双手持壶铃置于体前。

2. 双腿屈膝，上身下俯，髋部发力，使壶铃穿过双腿向后摆动。过程中保持双臂伸直和上身挺直。

3. 伸髋，持壶铃继续做反向动作，使壶铃由下向上摆起至与肩部齐平。所有力量都应该由髋部产生，不要使用双臂发力来抬高壶铃。

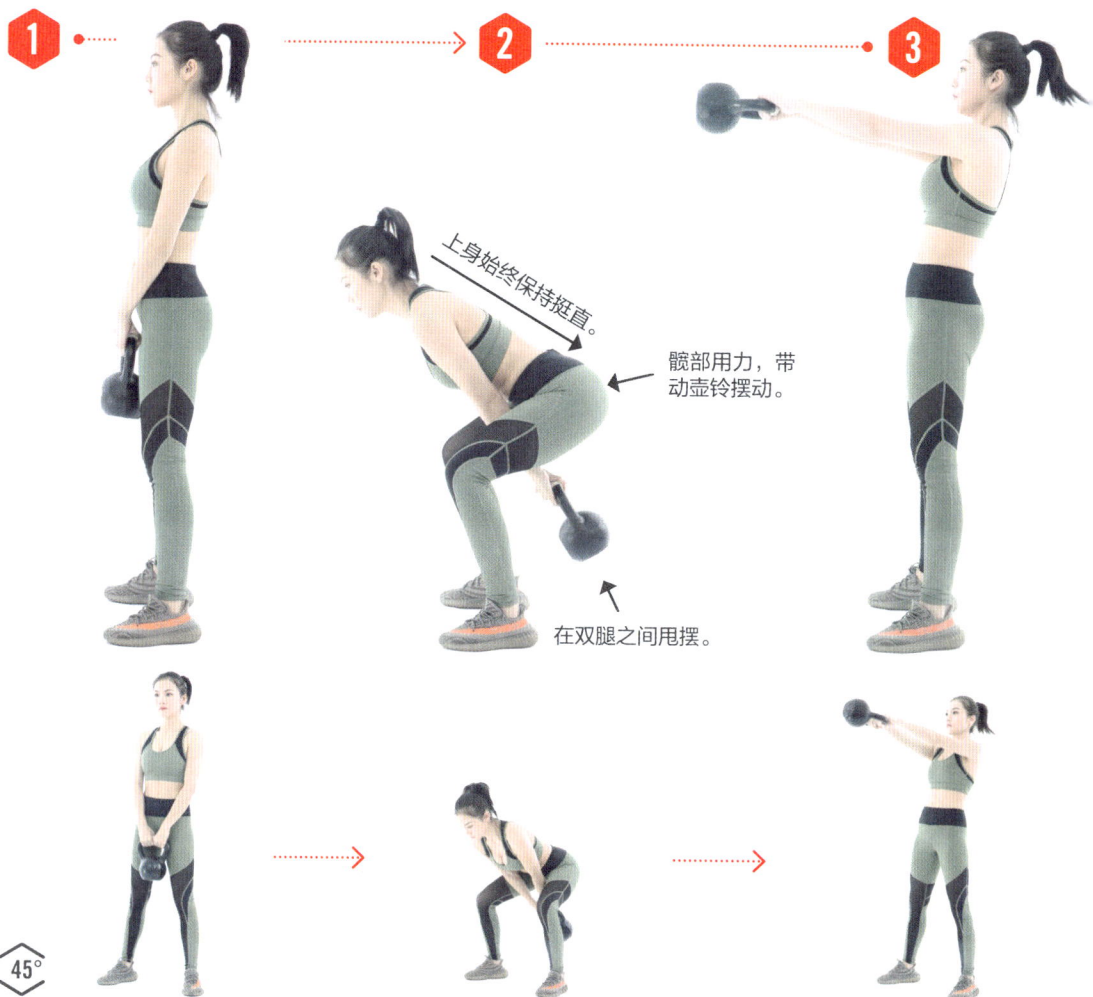

上身始终保持挺直。

髋部用力，带动壶铃摆动。

在双腿之间甩摆。

45°

壶铃硬拉

动作步骤

1. 身体自然直立，双脚左右开立，与肩同宽。将壶铃放于两脚前的中间位置，躯干保持挺直，上身下俯，双手抓握壶铃把手。

2. 双臂伸直，髋部用力，上身直起，将壶铃提起，保持动作，继续手持壶铃，上身下俯，重复动作，完成规定次数。

躯干始终保持挺直。

髋部屈曲，向后移动臀部。

髋关节完全伸展。

正握壶铃。

45°

壶铃深蹲

动作步骤

1. 身体自然站直，双脚左右开立，略宽于肩部，双手握壶铃于胸前。

2. 髋部弯曲，屈膝，使身体下降，下蹲时膝盖应该保持在脚正中心的上方。双手握壶铃，壶铃垂直于地面，上身前倾且挺直。

3. 当下蹲到大腿与地面平行或者臀部更低时稍做停顿，起身，恢复为准备姿势。

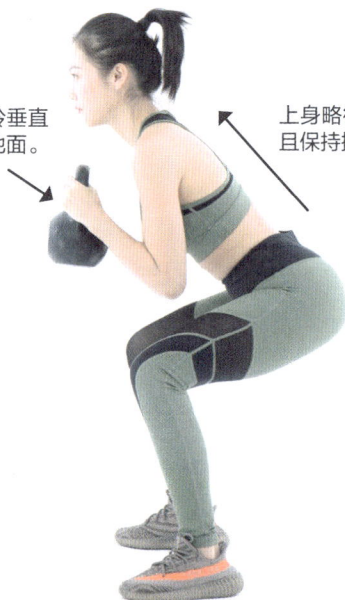

壶铃垂直于地面。

上身略微前倾，且保持挺直。

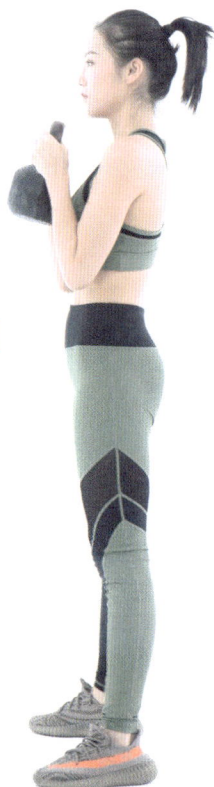

45°

3.4 HIIT 放松动作

3.4.1 基本放松

仰卧抱膝

动作步骤

1. 身体呈仰卧姿势平躺于地面,双臂贴于身体两侧。
2. 左腿屈膝提起,双手十指紧扣左膝。
3. 双臂发力将左膝拉向胸部,保持 30 秒左右。换另一侧腿重复动作。

45°

背后触手

动作步骤

盘腿坐于地面，上身挺直。左臂上抬，右臂向下，双臂同时向后屈肘，伸向背部中间位置，尽量使指尖互相接触，保持 30 秒左右。双臂交换上下位置，重复动作。

指尖相触后再分别向上、向下分开。

45°

仰卧四字式

动作步骤

1. 身体呈仰卧姿势平躺于地面，双臂紧贴身体两侧，掌心向下。

2. 双腿屈膝抬起，左腿叠放在右腿膝盖上方。

3. 双手抱住右腿大腿，并将右腿拉向身体，使右侧臀肌和腘绳肌得到充分拉伸，保持30 秒左右。换另一侧腿重复动作。

1

左腿放在右腿
膝盖上方。

2

头部至臀部始终紧贴地面。

45°

双手后拉。

3

仰卧转体

动作步骤

1. 身体呈仰卧姿势平躺于地面，双臂紧贴身体两侧，掌心向下。

2. 双腿并拢上抬，屈膝 90 度，此时小腿与地面平行，双臂向两侧打开。

3. 向左侧转髋，至左腿接触地面。随后，双腿回正，再向右侧转髋，至右腿接触地面。重复动作。

1

2

屈膝 90 度。

双腿始终保持并拢。

3

双腿带动髋部转动。

猫式伸展

动作步骤

1. 身体呈俯身跪姿，四肢撑地。双手位于肩部正下方，双膝间距与肩同宽。

2. 头部微抬，下颌上抬，背部下弯，保持动作 1 ~ 2 秒。

3. 头部向下，下颌内收，背部隆起，呼气，保持动作 1 ~ 2 秒。重复动作，完成规定次数。

1

双手位于肩部正
下方，手指向前。

双膝间距与肩同宽。

2 **3**

背部下弯。

下颌抬起。

背部隆起。

下颌内收。

最伟大拉伸

动作步骤

1. 右脚后撤，呈弓步姿势，上身下俯，双手分别落于前脚两侧。

2. 后腿保持伸直状态，使屈髋肌群得到拉伸。接着向右旋转胸椎，左臂屈肘，肘部靠近左脚位置。

3. 向左旋转胸椎，同时左臂伸直向外展开，指尖向上，目视指尖方向。

4. 左臂收回，恢复弓步姿势。臀部向上抬起，前腿略微伸直，拉伸右腿腘绳肌。

5. 重心前移，前腿屈膝90度，后腿屈膝，膝盖触地，双手扶腰，上身直起，保持身体稳定。

6. 双手撑地，右脚收于左脚侧。

7. 恢复站立姿势。重复动作，完成规定次数。然后换另一侧重复动作。

3.4.2 泡沫轴放松

泡沫轴放松臀部

动作步骤

1. 将泡沫轴放于臀部下方，坐在泡沫轴上。右腿屈膝撑地，左腿伸直，左脚脚跟着地。双手撑地以保持身体平衡。

2. 前后移动身体，滚动泡沫轴，按摩臀部及髋部肌肉。

1

2

泡沫轴放松髋部

动作步骤

1. 身体呈左侧卧姿势，将泡沫轴置于髋部下方，左臂屈肘，前臂支撑身体，右手于体前撑地，保持身体稳定。左腿伸直，右脚前跨撑地。

2. 移动身体，滚动泡沫轴按摩髋部肌肉。动作过程中，注意保持上半身稳定。

45°

肘部位于肩部正下方。

1

45°

2

保持脚掌贴地。

泡沫轴放松腰腹部

动作步骤

1. 身体呈屈臂平板支撑姿势，双臂支撑身体。将泡沫轴放于腹部下方。

2. 身体前后移动，滚动泡沫轴，按摩腰腹部。

1

45°

双臂支撑身体来回移动。

2

45°

泡沫轴放松大腿前侧

动作步骤

1. 身体呈屈臂平板支撑姿势，双臂支撑身体。将泡沫轴放于大腿下方，然后将一只脚置于另一只脚的上方。

2. 移动身体，滚动泡沫轴按摩大腿前侧的股四头肌。

泡沫轴在骨盆与膝盖之间来回滚动。

泡沫轴放松大腿内侧

动作步骤

1. 身体呈屈臂平板支撑姿势，双臂支撑身体。左腿外展，将大腿内侧肌肉按压在泡沫轴之上。

2. 滚动泡沫轴，按摩大腿内侧肌肉。

泡沫轴放松大腿外侧

动作步骤

1. 身体呈侧卧姿势，右臂屈肘支撑身体，左手于体前撑地。将右腿大腿外侧肌肉按压在泡沫轴之上，左腿屈曲支撑于体前。

2. 移动身体，滚动泡沫轴，按摩大腿外侧肌肉。

45°

双臂支撑身体，以保持平衡。

前脚掌平贴地面。

45°

泡沫轴放松大腿后侧

动作步骤

1. 坐于泡沫轴上，将泡沫轴置于大腿后侧。双臂支撑身体，然后将一只脚置于另一只脚的上方。

2. 缓慢滚动泡沫轴，按摩大腿后侧肌肉，在前后移动过程中注意保持背部挺直。

45°

1

双臂支撑身体，以保持平衡，手指朝后。

45°

核心肌肉收缩用力。

2

泡沫轴放松小腿前侧

动作步骤

1. 身体呈屈臂平板支撑姿势，将泡沫轴放于小腿前侧。
2. 腹部核心肌肉保持收紧，缓慢移动泡沫轴按摩小腿前侧肌肉。

1

45°

← 双臂屈肘，支撑身体。

2

45°

↑ 核心收紧，身体前后移动。

泡沫轴放松小腿后侧

动作步骤

1. 双臂向后伸直以支撑身体，双腿抬起，将小腿置于泡沫轴之上，此时臀部保持悬空状态。

2. 保持身体稳定，滚动泡沫轴，使小腿后侧肌肉得到充分按摩。

1

45°

臀部不要着地。

2

45°

泡沫轴放松下背部

动作步骤

1. 身体呈仰卧姿势，双腿屈膝，将泡沫轴置于下背部。双臂前臂撑地，保持身体稳定，同时肩胛骨打开。

2. 核心保持收紧，躯干挺直，臀部悬空，缓慢滚动泡沫轴按摩下背部肌肉。动作过程中，头部和颈部一定要保持稳定。

1

肩胛骨打开。

2

45°

头颈保持稳定。

躯干挺直。

泡沫轴放松中背部

动作步骤

1. 身体呈仰卧姿势，双腿屈膝，将泡沫轴置于中背部。双臂前臂支撑身体，双手握拳，同时肩胛骨打开，腹部核心保持收紧。臀部抬起，呈悬空状态。
2. 缓慢滚动泡沫轴按摩中背部肌肉，运动过程中头部和颈部保持稳定。

1 .... **2**

核心收紧，保持身体平稳。

双手握拳，前臂贴地以支撑身体。

泡沫轴放松侧背部

动作步骤

1. 身体呈侧卧姿势，左臂屈肘支撑身体，右手于体前撑地。将泡沫轴放于体侧。
2. 滚动泡沫轴，集中按摩侧背部肌肉和背阔肌。

1 .... **2**

前脚掌平贴地面。

左臂屈肘支撑身体，以保持平衡。

脚尖撑地以辅助滚动泡沫轴。

HIIT

CHAPTER **04**

HIIT 针对性训练方案

　　本章提供了 7 个 HIIT 针对性训练方案，为不同训练目标以及训练环境下的训练者提供一定的指导。需要注意的是，HIIT 是一种强度比较大的运动，能够调动更多的心率储备，对训练者的身体状况有一定的要求。因此，在按照以下方案进行训练时，训练者应根据自己的实际情况进行灵活调整，量力而行、循序渐进，切忌在空腹、过饱、饮酒、熬夜、疲劳、感冒或发烧等状态下训练。

4.1 全身燃脂 HIIT 方案（初级）

本方案适合目标是减脂而健身基础较弱的人群，或者可作为一套身体机能激活训练方案。训练时应注意循序渐进，多关注自身的感受以及训练之后几天内的身体反应。从零基础开始训练时，持续几天的肌肉酸痛是正常的，不要过于紧张。当你能够比较轻松地完成该方案时，可以升级到进阶方案。

热身 ▶▶▶▶   **练习** ▶▶▶

1. 扶墙俯卧撑
（10 次）

2. 站立前屈体
（15 次）

3. 臂前伸开合跳
（60 秒，休息 20 秒）

4. 侧弓步
（快速 60 秒，休息 20 秒）

5. 提膝弓步
（快速 60 秒，休息 20 秒）

6. 拉力绳髋关节内收
（左右两侧各 20 次）

7. 勾腿跳
（快速 60 秒，休息 20 秒）

8. 固定物俯卧撑
（10 次）

9. 侧平板支撑
（30 秒，休息 20 秒）

放松

10. 基本跳绳
（60 秒）

11. 泡沫轴放松臀部
（左右两侧各 30 秒）

12. 泡沫轴放松大腿前侧
（左右两侧各 30 秒）

13. 泡沫轴放松大腿内侧
（左右两侧各 30 秒）

14. 泡沫轴放松大腿后侧
（左右两侧各 30 秒）

15. 泡沫轴放松中背部
（左右两侧各 30 秒）

4.2 全身燃脂 HIIT 方案（进阶）

本方案适合具有一定健身基础的人群，强度与初级方案相比有较大的提升。训练时应注意量力而行，调整呼吸，注意避免受伤。如果健身后的肌肉酸痛持续了三天以上，应适当降低训练强度。

热身 ▶▶▶　　**练习** ▶▶▶

1. 开合跳
（慢速 30 秒）

2. 俯身摆臂
（20 次）

3. 高抬腿
（快速 90 秒，休息 20 秒）

4. 弓步波比跳
（快速 90 秒，休息 20 秒）

5. 芭蕾深蹲跳
（30 次，休息 20 秒）

6. 循环弓步
（左右两侧各 8~10 次）

7. 提膝弓步
（左右两侧各 8~10 次）

8. 仰卧起跳
（快速 30 次，休息 30 秒）

9. 反向支撑摸脚
（左右两侧各 8~10 次）

放松

10. 基本跳绳
（快速 120 秒，休息 30 秒）

11. 高抬腿跳绳
（快速 180 秒，休息 20 秒）

12. 股四头肌拉伸
（左右两侧各 30 秒）

13. 腘绳肌拉伸
（左右两侧各 30 秒）

14. 小腿拉伸
（左右两侧各 30 秒）

15. 泡沫轴放松大腿前侧
（左右两侧各 30 秒）

4.3 核心强化 HIIT 方案

核心是人体的中心，起到稳定支撑躯干和传递力量等作用。本方案适合那些想要提高核心稳定性和核心力量的人群，例如经常伏案工作的人、身体瘦弱的女生、想练出人鱼线或马甲线的人等。训练时应注意调整呼吸，尽量感受核心的发力。

热身 〉〉〉〉　　　**练习** 〉〉〉〉

1. 开合跳
（慢速 30 秒）

2. 俯身 TW 伸展
（15 次）

3. 立卧撑跳
（30 次，休息 30 秒）

〉〉〉〉

4. 深蹲跳
（20 次，休息 15 秒）

5. 侧平板支撑
（左右两侧各 20~30 秒）

6. 固定物俯卧撑
（6~8 次）

7. 泳姿支撑
（左右两侧各 20 次）

8. 侧卧踢腿
（左右两侧各 12~15 次）

9. V 字坐起
（30 次，休息 20 秒）

10. 俄罗斯转体
（快速 60 秒，休息 20 秒）

11. 动物爬行
（快速 60 秒，休息 20 秒）

12. 四点支撑
（30 秒）

放松

13. 眼镜蛇式到婴儿式
（尽量放松，20 次）

14. 伸展环绕
（左右侧各 8~10 圈）

15. 泡沫轴放松腰腹部
（放慢速度，60 秒）

4.4 下肢 HIIT 方案

本方案适合那些想要增强自己下肢各肌群（尤其是臀部和大腿）力量的人群。

热身 ＞＞＞＞　练习 ＞＞＞

1. 开合跳
（慢速 30 秒）

2. 交叉跳
（快速 60 秒，休息 20 秒）

3. 深蹲跳
（快速 60 秒，休息 20 秒）

4. 单腿硬拉
（左右两侧各 8~10 次，注意安全）

5. 壶铃深蹲
（15 次，休息 20 秒）

6. 登山步
（左右两侧各 8~10 次，快速完成）

7. 单腿臀桥
（左右两侧各 8~10 次）

8. 股四头肌拉伸
（左右两侧各 30 秒）

9. 高抬腿跳绳
（快速 60 秒，休息 20 秒）

放松

10. 勾腿跳
（快速 60 秒，休息 20 秒）

11. 分腿深蹲
（左右两侧各 8~10 次）

12. 泡沫轴放松臀部
（左右两侧各 30 秒）

13. 泡沫轴放松髋部
（左右两侧各 30 秒）

14. 泡沫轴放松大腿前侧
（左右两侧各 30 秒）

15. 泡沫轴放松大腿外侧
（左右两侧各 30 秒）

4.5 健身房 HIIT 方案

本方案的动作对器械的要求较多，适合经常去健身房的人群。

热身　　　　　　　　　　　　>>>>　　**练习**　　>>>>

1. 双手爬行
（慢速 60 秒）

2. 相扑蹲举
（左右两侧各 20 次）

3. 交错俯卧撑
（左右两侧各 8~10 次）

4. 支撑平移
（左右两侧各 20 次，快速完成）

5. 波比跳
（30 次，快速完成，休息 30 秒）

6. 壶铃深蹲
（15 次）

7. 俯身划船
（30次）

8. 壶铃甩摆
（30次）

9. 上推举
（30次，快速完成）

放松

10. 卧推
（15次）

11. 弹力带胸前推
（30次）

12. 股四头肌拉伸
（左右两侧各30秒）

13. 背阔肌拉伸
（左右两侧各30秒）

14. 泡沫轴放松臀部
（左右两侧各30秒）

15. 泡沫轴放松髋部
（左右两侧各30秒）

4.6 家庭 HIIT 方案

本方案对器械的要求较低，仅需要瑜伽垫，适合在家中进行训练。

热身　　　　　　　　　　　　　　　　　　　　　　**练习**

1. 双手爬行
（慢速 60 秒）

2. 相扑蹲举
（左右两侧各 20 次）

3. 蜘蛛侠俯卧撑
（左右两侧各 10 次）

4. 跨步波比
（快速完成，休息 20 秒）

5. 四点支撑
（60 秒）

6. 分腿深蹲
（15 次）

7. 俯卧 YTW 伸展
（15 次）

8. 波比跳
（快速 60 秒，休息 20 秒）

9.V 字坐起
（30 次，休息 20 秒）

放松

10. 卧推
（10~12 次）

11. 飞鸟
（10~12 次）

12. 最伟大拉伸
（左右侧各 6~8 次）

13. 仰卧抱膝
（左右侧各 30 秒）

14. 仰卧四字式
（左右两侧各 30 秒）

15. 猫式伸展
（放慢速度，12 次）

4.7 办公室 HIIT 方案

本方案大多数是徒手动作，对场地和器械要求非常低，非常适合工作忙碌、希望在办公间歇完成训练的人群。办公室健身应因地制宜，想办法利用常见物品辅助训练。同时，切勿因为时间和空间限制就轻视了热身和放松环节，导致损伤。

热身 ▶▶▶▶   **练习** ▶▶▶

1. 相扑蹲举
（左右两侧各 20 次）

2. 开合跳
（慢速 30 秒）

3. 勾腿跳
（快速 60 秒，休息 20 秒）

▶▶▶

4. 侧弓步
（左右两侧各 8~10 次）

5. 俯身 TW 伸展
（15 次）

6. 扶墙俯卧撑
（15 次，快速完成）

7. 俯身摆臂
（20 次）

8. 深蹲提踵
（15 次，休息 20 秒）

9. 椅子单腿深蹲
（左右侧各 8~10 次）

放松

10. 循环弓步
（20 次）

11. 最伟大拉伸
（左右侧各 6~8 次）

12. 股四头肌拉伸
（左右两侧各 30 秒）

13. 背阔肌拉伸
（左右两侧各 30 秒）

14. 腘绳肌拉伸
（左右两侧各 30 秒）

15. 小腿拉伸
（左右两侧各 30 秒）